틱톡, 숏폼으로 브랜딩하다

MZ 세대를 사로잡는
숏폼 콘텐츠의 성공 법칙

틱톡,
숏폼으로
브랜딩
하다

김가현 김지윤
김송이 송태민
이훈석 이효종
유미라 장동선
전아림 지음
〈메이저스 네트워크〉

21세기북스

틱톡으로 새로운 미래를 탐험하는 이들에게

ː 정지훈 (미래학자, 모두의연구소 최고비전책임자) ː

최근 틱톡을 포함한 새로운 모바일 중심의 숏폼(short-form, 짧은 영상) 미디어가 대세로 자리 잡기 시작했다. 이런 현재의 트렌드는 사실 잠깐 지나가는 짧은 유행이라기보다는, IT 기술의 발전과 디지털화에 따라 나타나는 거대한 흐름이라는 측면에서 주목할 만하다.

간략히 과거 수십 년간의 역사를 뒤돌아보면 1970~80년대 개인용 컴퓨터 시장이 처음 열릴 때는 사무자동화라는 용어가 유행했고, 컴퓨터를 적용한 산업 영역이 중소기업까지 확대된 이후에는 정보화 사회라는 신조어가 만들어지면서 세상이 크게 바뀌었

TikTok

다. 그 이후 1990년대 말 인터넷이 보급되면서 이런 변화의 흐름이 각 개인에게로 급격하게 파급되었다. 정보화가 회사 단위나 비즈니스 단위에서만 이루어지는 것이 아니라 각 개개인의 네트워크와 관계, 그리고 관심사 등을 바탕으로 이루어지기 시작한 것이다.

이런 경향성은 2007년 아이폰의 발매와 함께 이어진 모바일 혁명의 시대에 더욱 두드러졌다. 소셜미디어의 급격한 보급으로 사회에서의 네트워크의 결성과 집단행동 등이 디지털 세계에서 주로 이루어지기 시작했다. 이 시기 트위터와 페이스북 등은 소셜미디어 플랫폼을 제공하며 급격하게 성장했고, 스마트폰은 컴퓨팅 환경을 개인화시키며 이런 변화를 가속화했다. 그 뒤를 이어 등장한 인스타그램은 스마트폰이 가진 강력한 카메라 기능과 무선 인터넷을 통해 강력한 개인 미디어를 소셜네트워크화하는 데 성공하면서 10~20대 젊은이들의 강력한 지지를 얻고 큰 성장을 이루었다.

TikTok

그렇다면, 이런 변화의 다음 주자는 누구일까? 바이트댄스 (ByteDance)에서 출시한 '틱톡'은 사진이 중심이 되었던 스마트폰 미디어를 동영상 중심으로 이동시키고, 동시에 편집과 생산도구 자체를 스마트폰만으로 가능하게 하면서 MZ 세대 최고의 소셜미디어 플랫폼으로 자리 잡고 있다.

이제 이런 소셜미디어 플랫폼은 단순히 미디어라는 힘의 경계를 넘어서 사용자들과 협업자들이 직접적인 혁신을 일으킬 수 있는 구조로 발전될 것이다. 스마트폰 메신저 앱으로 출발한 카카오가 과거 인터넷 포털이 지배했던 여러 사업 영역에서 큰 두각을 나타내고 있는 것이 이런 변화의 양상을 잘 보여주고 있다. 그렇다면 페이스북, 트위터, 유튜브, 인스타그램, 카카오, 라인 등을 이어 전 세계적인 돌풍을 일으킬 수 있는 다음 세대 선두주자는 무엇일까? 다수의 플랫폼이 그랬던 것처럼 젊은 세대들의 선택을 받았던 서비스가 시간이 지나면서 주류로 올라설 가능성이 높은

TikTok

데, 틱톡이 가장 유력한 후보라는 데 많은 이들이 동의하고 있다.

아쉬운 것은 틱톡이라는 플랫폼을 잘 이해하고 이를 활용해 새로운 미래를 그려보고자 하는 많은 이들이 참고할 만한 책이 그동안 거의 없었다는 점이다. 이제야 그런 분들에게 꼭 읽어보시라고 추천할 수 있는 책이 나왔다. 2021년 출발하여 짧은 기간에 '3억 뷰'라는 큰 업적을 달성하며 급성장하고 있는 메이저스 네트워크의 크리에이터들이 함께 집필한 이 책은 새로운 미디어 플랫폼의 미래를 개척하는 이들의 실전 노하우를 생생하게 전달할 것이다. 미디어의 미래를 고민하는 많은 이들에게 필독서로 추천한다.

목
차

1부

Why TikTok?
틱톡, 숏폼 콘텐츠의 브랜딩 전략이 되다

PREVIEW

“틱톡으로 브랜딩의 더 큰 가능성을 발견하라”

2부

How TikTok?
틱톡 크리에이터들이 알려주는
퍼스널 브랜딩 성공 노하우

MZ 세대는 왜 틱톡에 열광하는가

'협찬 DM 환영!'

프로필 문구에 적힌 이 멘트, 누구의 것일까? 커버 메이크업으로 유명한 뷰티 인플루언서? IT 기기 리뷰 크리에이터? 혹은 건강식품도 챙겨 먹는 먹방 유튜버? 모두 정답이 아니다. 이 소개 문구는 틱톡에서 수만 명의 팔로워를 모은 마이크로 인플루언서이자 MZ 세대 일반인인 틱톡커의 것이었다.

'왜 MZ 세대들이 틱톡에 열광하는가?'라는 질문을 받을 때마다 이 문구를 되새긴다. 연예인도, 아이돌 연습생도, 심지어 전업 인플루언서도 아닌 일반인 이용자가 어떻게 협찬을 다이렉트 메시

지(DM)로 받는 걸 이해하고 적극 활용하고자 했을까. 어떻게 협찬을 고려할 수 있는 마이크로 인플루언서 채널이 됐을까.

여기서 질문을 바꿔 해보자. '왜 MZ 세대들은 숏폼 콘텐츠에 열광하는가?' 틱톡은 대표적인 숏폼 콘텐츠로, 1분 남짓한 분량의 콘텐츠가 어떤 영향력을 가질 수 있는지 여실히 증명하고 있다. 처음 숏폼 콘텐츠가 등장했을 때 이런 일이 가능하리라는 생각보다는 의구심을 갖는 이들이 더 많았을지도 모른다. 너무 짧아서 제대로 메시지나 전할 수 있을까, 양질의 콘텐츠를 다룰 수 있을까, 그저 스쳐 지나가는 오락거리 정도로 그치지 않을까……. 이 모든 의구심은 틱톡이 성공하는 순간 사라져버렸다.

찰리 다멜리오(Charli D'Amelio)는 틱톡에서 팔로워 1억 명을 모아 화제가 됐던 2004년생 소녀다. 2019년 가을 춤추는 영상을 촬영해 올렸던 찰리는 갑자기 틱톡 이용자들의 추천 피드를 장식했고, 틱톡으로 2019년에 약 44억 원을 번 거물이 됐다.

찰리 다멜리오의 스토리에서 크게 세 가지 포인트를 찾을 수 있다. 첫째, 틱톡에는 누구나 쉽게 따라 할 수 있는 챌린지가 존재한다. 춤이든 립싱크든 상황극(*point of view의 줄임말인 'pov'는 상황극을 가리키는 틱톡 신조어) 콘텐츠든 유행을 타기 시작하면 하나의 챌린지가 되어 틱톡 추천 피드를 수놓는다.

15초 내외의 짧은 동영상, 숏폼 콘텐츠라는 특징이 틱톡 챌린지를 가능케 했다. 유튜브에서 챌린지가 시작되지 않는 이유, 트위터에서 리트윗을 통해 바이럴이 일어나는 이유를 생각해보면 틱톡 챌린지가 생겨난 이유를 짐작할 수 있다. 틱톡은 숏폼 영상을 통해 서로 모방하는 챌린지 놀이터가 된다.

추천 피드의 영향력도 무시할 수 없다. 소셜미디어를 중심으로 활동하는 콘텐츠 제작자들은 영상이 추천 피드에 올라야 한다고 강조한다. 지금 유행하는 트렌드에 발맞춰 어떤 콘텐츠를 어떻게 올려야 추천에 더 많이 노출될지 고민한다.

TikTok

틱톡에서 추천 피드는 더더욱 핵심으로 여겨진다. 앱을 열면 추천 피드가 맨 처음 메인 화면으로 등장한다. 추천 피드에서 유행하는 영상을 따라 배경 사운드, 영상 내용, 해시태그까지 맞춰서 영상을 올리면 트렌드 위에 올라탈 기회를 얻는다.

찰리가 틱톡 앱으로 영상 촬영을 했다는 대목도 눈에 띈다. 따로 사진을 찍거나 영상을 만들어서 틱톡에 올릴 수도 있지만, 틱톡 앱은 기본적으로 촬영 기능에 초점을 맞추고 있다. 앱 내에서 바로 영상을 찍고 편집해서 업로드까지 한 방에 해결 가능하도록 만들어졌다. 숏폼이기에 누구나 쉽게 챌린지에 참여할 수 있을뿐더러, 촬영 도구로써 틱톡 앱이 쓸 만하다. 누구든 쉽게 영상을 만들 수 있다는 뜻이다. 추천 피드는 어떤 콘텐츠가 요즘 틱톡에서 유행하는지 보여준다. 이렇게 사용자들은 간단한 미션과 교과서, 실습 도구를 모두 얻는다.

즉 틱톡을 기점으로 사람들은 예전보다 좀 더 쉽게 영상 제작

TikTok

| 세계 최대 팔로워 보유 틱톡커 찰리 다멜리오. 숏폼 콘텐츠의 매력을 잘 보여주는 대표 틱톡커로 꼽힌다.

크리에이터가 될 수 있다. 모두가 찰리 다멜리오처럼 팔로워 1억
명을 돌파할 순 없더라도 더 빠르게, 폭발적으로 팔로워를 모을
수 있다. 바로 이것이 틱톡이 타 플랫폼과 차별화하는 지점이다.

TikTok

요즘 초등학생 장래희망 1위가 '크리에이터'라고 한다. 1인 크리에이터가 어엿한 직업으로 자리 잡은 것이다. 2021년 5월 웅진 씽크빅이 4~16세 회원을 대상으로 실시한 설문조사에 따르면 응답자의 27.3%가 유튜버와 같은 콘텐츠 크리에이터가 되고 싶다고 답했다. 2020년 교육부 조사에서도 유튜버, 스트리머 등 크리에이터가 4위를 차지했다.

틱톡은 크리에이터를 보고 자란 MZ 세대에게 '너도 틱톡에서 유명해질 수 있다'는 신호로 읽힌다. 전문 촬영 장비가 아닌 핸드폰 카메라로 15초 내외 짧은 영상을 찍으며 틱톡 챌린지에 참여해보는 식으로 '지금' 콘텐츠를 만들도록 도움을 준다.

틱톡 크리에이터들은 해시태그로 '#추천추천추천추천'이라 적으며 추천 피드의 선택을 받길 원한다. 유행하는 음원에 맞춰 '편집계'를 운영하고 영상 설명에 '다음에 뭐 할지 댓글로 추천 좀'이라며 시청자 참여를 유도한다. '팔취(팔로우 취소) 금지'라며 팔로워

숫자를 신경 쓴다.

왜 MZ 세대는 틱톡에 열광할까. 분명 다양한 이유가 있겠지만, 궁극적으로 MZ 세대도 똑같은 사람이다. 관심을 받을 수 있는, 더 많은 기회가 보이는 자리를 찾는다. 돈까지 벌 수 있다면 더더욱 마다할 이유가 없다. 나무가 햇볕을 향하듯 가능성을 보는 것이다.

이들에게 틱톡은 누구나 크리에이터가 될 수 있고, 빠르게 시도해 반응을 얻을 수 있는 플랫폼으로 떠올랐다. '나도 주목받아 나를 알릴 수 있다'는 브랜딩에 대한 희망은 틱톡이 MZ 세대 사이에서 무서운 속도로 성장할 수 있던 배경이 됐다.

'누구나 크리에이터가 될 수 있다'라는 것은 곧 틱톡이 MZ 세대에 국한되는 플랫폼이 아니라는 것을 의미한다. 실제로 틱톡에는 MZ 세대뿐 아니라 다양한 연령대의 크리에이터들이 활동하고 있다. 그리고 이전의 SNS 플랫폼이 먹방, 뷰티 등 예능 콘텐츠를 시작으로 성숙기에 접어들며 각 분야의 전문가들이 채널을 연 것과

TikTok

같이 틱톡에도 〈알쓸신잡〉의 뇌과학자 장동선, 미래학자 정지훈 등 각 분야의 전문가들이 크리에이터로 자리 잡고 있다.

틱톡은 전문가들이 브랜딩하기에 정말 좋은 플랫폼이라고 단연코 말할 수 있다. 각 잡고 좋은 장비와 많은 시간을 들여 편집해야 하는 롱폼 영상 플랫폼과 달리 틱톡은 비교적 짧은 시간을 투자해 콘텐츠로 자신의 브랜딩을 할 수 있기 때문이다.

아나운서, PD로 활동하다 IT 기자로 만난 콘텐츠 제작자 두 사람이 만들게 된 뉴즈는 1년 만에 15만 구독자를 확보했으며 정보성 콘텐츠로 숏폼 플랫폼에서 팔로워를 얻은 인사이트를 바탕으로 2021년 1월 틱톡 1호 교육 MCN '메이저스 네트워크'를 론칭했다. MCN 론칭 당시 18명이었던 크리에이터 숫자는 6개월이 지난 지금 각 분야의 전문가들이 합류해 150명을 넘어서고 있다. 전체 조회 수는 3개월 만에 1억 뷰, 6개월 만에 약 3억 뷰를 달성했다.

이 책에서는 메이저스 네트워크 소속 크리에이터들과 함께 더

TikTok

많은 이들이 틱톡을 대표적인 숏폼 콘텐츠 플랫폼으로 선택하는 이유를 이야기해보려 한다. 1호 테크·트렌드 틱톡커인 뉴즈, 뇌과학자 장동선, 정보성 크리에이터 기준 국내 최다 팔로워를 보유한 크리에이터 코리안훈, MZ 세대에게 금융·경제 소식을 전하는 리치언니, 본업은 아나운서이고 부캐로는 틱톡커로 활동하고 있는 유미라, 30만 유튜버로 활동하다가 틱톡커로 데뷔한 과학쿠키, 60만 레진아트 틱톡커인 송송한 일상, 가족 크리에이터 '루루체체 TV'에서 개인 크리에이터로 홀로선 어비 등 총 8명의 각 분야 전문가와 함께 브랜딩 플랫폼으로서 틱톡이 지닌 매력과 그 가능성에 대한 이야기를 풀어내 볼 것이다.

TikTok

| 메이저스 네트워크의 빠른 성장은 지식 정보 콘텐츠 역시 숏폼 형태로 소비하고 싶어 하는 사람들의 심리를 증명하는 동시에, 개인 크리에이터들의 브랜딩 가능성을 충분히 보여준다.

1부

Why TikTok?

틱톡, 숏폼 콘텐츠의
브랜딩 전략이 되다

"틱톡으로 브랜딩의
더 큰 가능성을 발견하라"

뉴즈 NEWZ

@newzvibe

#숏폼콘텐츠 #새로운기회
#지식콘텐츠브랜딩 #메이저스

새로운 트렌드의 출발점에 서고 싶다면

· ·

틱톡에서 테크·트렌드 정보를 다루는 채널 '뉴즈'도 틱톡에서 새로운 기회를 발견한 케이스다. 뉴즈 역시 처음부터 잘 갖춰진 상태였던 건 아니다. 그보다는 '무언가 해보려다가 뜻대로 되지 않아 시작조차 못 하는 상태'에 가까웠다. 유튜버의 꿈이나 사직서를 품고 사는 여느 직장인들처럼 기자로 일하던 시절에 뉴즈 팀을 구성하고는, 평소에 공부하고 취재하는 내용을 좀 더 대중적으로 쉽게 풀어내는 영상 콘텐츠로 만들어보려 했다. 당연히 그 시작점은 유튜브라고 생각했다.

하지만 쉽지 않았다. 줄글을 어떻게 영상으로 바꿀지, 영상을

25

어떻게 촬영하고 편집할지, 채널은 어떻게 꾸려나갈지 막막했다. 무엇보다 시간이 많이 들었다. 본업에 충실하면서 유튜버를 부업으로 삼기에는 꽤 품이 많이 들었다. 10분짜리 영상에 자막을 입힌 후 '뉴즈 유튜브 프로젝트'는 흐지부지 끝나는 듯했다.

꿈을 포기하고 본업에 충실하고 있을 때, 뜻밖의 제안을 받았다. 유튜브가 아니라 틱톡에서 정보성 콘텐츠를 만들어보라는 것이었다. 처음에는 반신반의했다. 당시 틱톡에서는 춤추고 노래하는 이들이 올린 짧고 오락성 강한 영상밖에 안 보였기 때문이다. 심지어 틱톡이 국내에서 이름을 알리기 직전이었다. 다행히 우리에겐 실패의 유산, 유튜브용으로 작성했던 대본이 있었다. 틱톡에서 '#LearnOnTikTok', '#틱톡교실' 등 정보성 채널들이 활동하는 해시태그도 찾았다. 국내외에서 정보를 전달하는 교육 채널이 틱톡에도 많이 있으며 또 더 많이 생기고 있다는 걸 발견했다.

지식 정보를 숏폼에 담아 '뉴즈'를 브랜드로 만들기까지

2019년 10월의 마지막 날, 여름에 접어뒀던 대본을 다시 펼치고 세로 화면으로 영상을 찍었다. 1분짜리 영상을 빠르게 편집해서 바로 업로드했다. 솔직히 영상 주제가 어려워서 큰 기대를 하진 않았다. '페이스북도 눈독 들이는 블록체인이란 무엇일까?'라는 주제였다. 하지만 예상보다 조회 수가 더 많이 나왔다. 전혀 모르는 사람들이 수많은 댓글을 남겼다. '내용이 너무 좋다', '팔로우하고 간다', '앞으로 이런 콘텐츠 많이 올려달라' 등과 같은 긍정적 반응이었다. 이후 테크뿐 아니라 트렌드, 모바일 꿀팁까지 다루면서 틱톡 이용자에게 정보에 대한 수요가 있다는 걸 확인했다.

미래를 생각했을 때도 틱톡에서 숏폼으로 정보성 채널을 운영해야겠다는 확신이 들기 시작했다. 2019년 12월 뉴즈와 만난 미래학자 정지훈 박사님도 같은 의견을 갖고 있었다.

"춤, 노래와 같은 엔터테인먼트 콘텐츠는 플랫폼 초반 불쏘시개 역할을 한다. 이후 플랫폼이 성숙하고 비즈니스가 가능해지는 데 정보 검색이 중요해진다. 유튜브가 그러하듯 틱톡도 정보성으로 성장할 수 있다."

교육 관련 틱톡 해시태그에서도 잠재력을 엿볼 수 있다. 2021년 5월 21일 기준으로 '#LearnOnTikTok' 조회 수는 1,030억이 넘는다. 영미권부터 동남아까지 전 세계 틱톡커들이 미용 제품 추천, 영어 속어 열 가지, 풍경 사진 보정법, 외과 의사 숙련과정 등 다양한 정보성 콘텐츠를 만들었다.

2021년 뉴즈에서 론칭한 교육 MCN '메이저스 네트워크'의 해시태그인 '#메이저스'도 상당한 조회 수를 모았다. 2021년 7월 기준으로 '#메이저스' 조회 수는 2억 7,160만 회로, 수채화 그리는

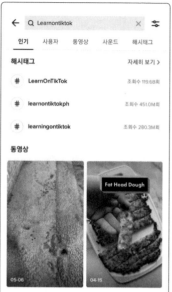

| 해시태그 '#LearnOnTikTok'의 조회 수는 숏폼 지식 정보 콘텐츠의 무궁무진한 가능성을 생생히 보여 준다.

법, 각종 언어 교육(한국어, 영어, 스페인어, 태국어, 중국어 등), 과학 원리 설명, 경제금융 랭킹 소개, 성교육, 육아 꿀팁 등 각 분야의 전문가들이 틱톡 교육 채널을 개설해 활동하고 있다. 하나의 사이드 프로젝트로 출발했던 정보성 채널 뉴스는 어느새 100개 넘는 정보성 채널과 협업하는 메이저스 네트워크로 성장할 수 있었다. 정보성 틱톡커는 아직 틱톡에서 메이저(주요 크리에이터)가 아니지만, 그

렇기에 앞으로 얼마나 더 성장할지 기대할 수 있다.

이런 변화는 바로 MZ 세대를 사로잡기 위해 일어나고 있다. 짧아야 보고 가성비가 좋아야 보는 세대, 채널을 신뢰하게 되면 적극적으로 응원하는 이들은 짧은 시간 안에 재밌게, 의미 있게 정보를 습득하길 원한다. 마케팅 트렌드 미디어 〈더피알(The PR)〉에 따르면 20대가 틱톡을 사용하지 않는 이유는 숏폼 콘텐츠가 싫어서가 아니라 콘텐츠 다양성이 부족해서, 시간 투자 대비 내용이 알차지 않아서였다. 틱톡에서 정보성 콘텐츠가 늘어나는 흐름도 결국 이용자와 플랫폼 모두가 이를 원하기 때문으로 읽힌다.[1]

틱톡은 플랫폼 자체가 성장하면서 성숙 단계로 접어들었다.

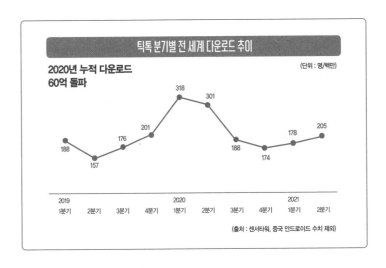

틱톡 분기별 전 세계 다운로드 추이

2020년 누적 다운로드
60억 돌파

(단위 : 명/백만)

318
301
201
176
188
157
188
174
178
205

| 2019 | | | | 2020 | | | | 2021 | |
| 1분기 | 2분기 | 3분기 | 4분기 | 1분기 | 2분기 | 3분기 | 4분기 | 1분기 | 2분기 |

(출처 : 센서타워, 중국 안드로이드 수치 제외)

2020년 여름 전 세계 약 7억 명이 매달 방문하는 앱으로 성장한 틱톡은 앱스토어, 구글플레이를 통틀어 누적 60억 다운로드 수를 끌어모았다. 또한 미국 틱톡 이용자 과반이 10~29세로 나타났다. MZ 세대가 성인이 될 무렵에는 지금보다 더 큰 영향력을 발휘할 전망이다.[2]

숏폼 트렌드에서는 짧은 영상으로 소통하고 밈(meme, 짤)으로 대화하며 노는 걸 넘어 '누가 더 양질의 콘텐츠를 확보하느냐'가 중요해졌다. 유튜브, 인스타그램, 스냅챗 등 다양한 라이벌이 이 판에 뛰어든다. 넷플릭스마저 숏폼 프리미엄 콘텐츠에 눈독 들인다.

늦었다고 생각했을 때 더 늦지 않도록 시도하는 것이 중요하다. 뉴즈가 처음 틱톡이라는 기회를 놓치지 않았던 것도 좌절을 포기가 아닌 준비로 바꾼 덕분이었다. 틱톡 브랜딩이라는 새로운 흐름에 올라탄다면 더 큰 파도를 타고 하늘을 날 수 있을 것이다. 그 파도에 올라탈 준비를 이제부터 시작해보자.

개성을 수익으로 바꿔주는 플랫폼

· · · · · · · · · · · · · · · · · · · ·

틱톡 생태계 구조

'크리에이터를 크리에이티브하게 만들어주는 곳. 모든 개성이 인정되는 공간.'

틱톡에서 크리에이터로 활동하며 직접 느낀 것을 이렇게 표현할 수 있겠다. 전 세계 틱톡 사용자 수는 약 30억 명에 달한다. 전세계 인구가 77억이라는 점으로 미루어봤을 때 약 3명 중 1명이 틱톡을 이용하고 있다고 할 수 있다. 일일 활성 이용자가 약 6억 명인 틱톡은 2020년 1분기 전 세계에서 가장 많이 다운로드한 앱 1위를 기록했다.[3] 이는 2위인 유튜브 다음이며 4위인 넷플릭스보다도 높은 순위다. 또한 지난 1월 앱 분석 회사 앱토피아에 따르면 2019년 4분기 인앱 결제 매출이 전년 대비 310% 증가한 5,000만 달러를 돌파하기도 했다. 뿐만 아니라 틱톡의 모회사인 바이트댄스는 세계 최초의 핵토콘(*기업가치가 100조 원 이상인 비상장 스타트업) 기업으로 떠올랐다. 숏폼이라는 트렌드를 전 세계에 전파하고 새로운 대세로 떠오른 틱톡은 크리에이터들이 더욱 자유롭게 창의적으로 콘텐츠를 만들어 올리는 플랫폼으로 각광받고 있다.

틱톡의 시초는 중국계 IT 회사 바이트댄스가 2016년 9월 중국에서 출시한 '더우인(抖音)'이다. 틱톡(TikTok)이라는 명칭은 2017년 9월부터 등장했다. 틱톡이 글로벌 시장으로 진출할 수 있는 전환점이 됐던 시기는 바이트댄스가 미국의 립싱크 영상 앱 '뮤지컬리'를 인수하면서부터다. 뮤지컬리는 립싱크 영상을 쉽게 제작할 수 있는 앱으로 미국 MZ 세대들에게 인기를 얻고 있었다. 2018년 바이트댄스가 틱톡과 뮤지컬리를 통합하며 자동으로 뮤지컬리의 이용자들이 틱톡에 흡수되었고 글로벌 진출의 문이 열렸다.

숏폼 미디어 강자에서 새로운 수익 플랫폼으로

2017년 등장해 3년 만에 전 세계 앱 매출 3위를 기록하기까지 틱톡이 심상치 않은 성장세를 보이는 데는 그만한 이유가 있다. 우선, 틱톡의 주요 이용층이 MZ 세대라는 사실이다. 글로벌 시장조사기관 CB인사이트에 따르면 미국 틱톡 사용자의 60%가 16~24세였다. 미국을 포함해 전 세계의 MZ 세대들에게 틱톡이 충성 플랫폼으로 떠오르면서, 틱톡은 이제 세계 각국의 미래 소비계층으로 부상하는 MZ 세대를 이해하고 사로잡길 원한다면 꼭 챙겨봐야 할 플랫폼이 됐다.

또한 틱톡은 '음악저작권, 언어의 장벽, 영상 길이, 고급 영상 제작 기술' 등 기본적으로 영상 제작이 지닌 네 가지 경계를 허물며 손쉬운 영상 제작 및 편집이 가능한 '숏폼' 트렌드를 이끌고 있다. 이 숏폼 콘텐츠가 짧은 영상을 선호하고, 가볍게 소비할 수 있는 콘셉트의 콘텐츠를 좋아하는 MZ 세대의 성향과 딱 맞아떨어진 덕분에 폭발적인 성장이 가능했다. 그리고 숏폼 트렌드가 강세를 보이며 인스타그램 '릴스', 유튜브 '쇼츠' 등이 탄생했고, 이런 흐름 속에서 틱톡은 글로벌 대표 SNS 플랫폼으로 자리 잡기 시작했다.

틱톡의 짧은 영상은 인플루언서를 활용한 훌륭한 광고 마케팅 공간으로도 발전했다. 이제 틱톡을 통한 의미 있는 교육 및 비즈니스 사례들도 나오고 있다. 버버리, 캘빈클라인, 게스, 월마트 등의 사례에서 실제 비즈니스 협업이 효과적인 마케팅으로 이어지는 것을 볼 수 있다. 한국에서는 대표적으로 지코의 '아무 노래 챌린지'가 인기를 끌었다. 지코의 '아무 노래 챌린지'는 더우인을 포함해 합산 조회 수 7억 건을 돌파했다. MZ 세대에 적합한 숏폼 콘텐츠를 통해 광고 수익도 급격히 변화하고 있다. 페이스북, 유튜브가 숏폼 영상 채널에 꾸준히 도전하며 미래를 준비하는 이유도 이와 무관하지 않다.

하지만 틱톡은 이제 숏폼 강자에만 머무르지 않고 영상 길이를 1분으로, 일부 크리에이터 대상으로는 3분으로 늘리며 더 다양한 이용자층을 흡수하며 확장해나가고 있다. 구글에서 유튜브로 검색의 툴이 확장된 것처럼, 틱톡 또한 검색 툴로 진화하고 있다. '#틱톡교실'과 '#메이저스'가 지식 콘텐츠를 찾으려는 이들의 검색 키워드로 쓰이는 것이 그 사례이며, 실제로 중국에서는 더우인이 검색 툴로써 일상적으로 이용되고 있다.

무엇보다 국내 틱톡 앱에는 없는 기능이 해외 틱톡 앱에 존재하며 이 기능들이 국내 틱톡 앱에도 순차적으로 적용되고 있다. 일례로 2020년 상반기에 라이브 방송이 가능해졌고, 영상 최장 러닝타임은 1분에서 3분으로 연장되었다. 그리고 앱 내 하이퍼링크 광고 기능도 추가됐다. 2021년에는 라이브 방송 중 다이아몬드를 크리에이터에게 선물할 수 있는 등의 라이브커머스 기능도 도입됐다. 틱톡커가 유튜버와는 또 다른 '돈 버는 직업'으로 새로운 도약을 준비하고 있는 것이다.

모든 이용자가 '프로슈머'가 될 수 있도록

틱톡 생태계는 크게 '크리에이터'와 '팔로워'로 나눌 수 있다. 또한 틱톡은 대부분의 이용자가 크리에이터를 팔로우하면서 직접 콘텐츠를 만들기도 하는 '프로슈머(prosumer)'로 활동을 하고 있기에 크리에이터와 팔로워가 보다 적극적으로 소통하고 활동한다. 프로슈머란 '제작자이자 시청자'라는 뜻으로, 소비자와 생산자를 겸하는 구성원의 소비자와 생산자를 겸하는 구성원의 존재가 다른 분야에 비해 뚜렷하게 부각된다고 할 수 있을지도 모른다. 그렇다면 틱톡이라는 세상을 이루고 있는 크리에이터와 팔로워는 각각 어떤 역할을 하고 서로에게 무엇을 주고받을까?

틱톡에서도 여타 SNS 플랫폼과 같이 댄스, 먹방, 지식, 상황극, 뷰티 등 다양한 카테고리의 크리에이터들이 활동하고 있다. 차별점이라면 '세로형'에 맞춰 해당 카테고리 콘텐츠들을 만들고 숏폼이라는 특성에 따라 콘텐츠를 기획한다는 점이다. 댄스는 하이라이트 부분을 보여주고, 먹방은 쭉 먹는 모습 대신 재밌고 중요한 부분 위주로 혹은 배속을 해서 보여주는 등 숏폼에 최적화된 콘텐츠를 다룬다고 볼 수 있다. 지식(정보) 콘텐츠 또한 기존 롱폼 플랫폼에서는 중요한 내용 및 주제가 마무리 부분에 등장한다면, 틱톡은 숏폼에 최적화된 형태로 주요 내용 및 주제가 맨 앞에 나온다는 특징이 있다. 주요 문장 및 주제들로만 최대한 짧게 정보가 제공되기도 한다.

틱톡 상황극은 짧은 시간에 눈길을 끌어야 하기 때문에 일반 드라마 연기보다 더욱 연기가 극적이라는 특징이 있다. 뷰티 카테고리 또한 데일리 메이크업 꿀팁도 인기가 있지만 숏폼이라는 특징과 함께 빠른 시간 내에 변신한 모습을 보여주는 '반전 메이크업' 콘텐츠가 꾸준히 인기를 끈다.

대부분의 유명 틱톡 채널을 보면 채널의 일관된 콘셉트가 있다. 상황극, 코미디 등 대부분의 콘텐츠가 채널의 개성이 드러나도록 장르와 유형이 통일되고 세부 내용만 달라진다. 물론 모든 크리에이터들이 처음부터 지금의 모습이었던 것은 아니다. 전문적으로 틱톡 춤을 추는 틱톡커도 맨 처음에는 단순히 자신의 일상을 짧게 기록하는 브이로그 영상을 올리는 것으로 채널을 시작했을 수 있다. 실제로 첫 영상과 최근 영상이 전혀 다른 경우가 적지 않다. 채널의 목적에 맞게 점차 콘텐츠 유형이 자리를 잡은 것이다.

그렇다면 틱톡 이용자들은 각자 어떤 목적을 지니고 있을까. 분량이 짧고 편집이 용이하다는 특성 때문에 틱톡 이용자들은 즉각적으로 소비 가능한 형태의 콘텐츠를 선호한다. 빠르게 니즈를 충족시켜주는 콘텐츠일수록 호응을 얻는 것이다.

일단 틱톡은 기본적으로 일상을 기록하는 '영상 일기' 역할을 한다. 추천 피드에 영상이 오르내리는 데 큰 욕심이 없는 이용자들은 인스타그램처럼 자기 일상을 짧게 영상으로 찍어 공유하기도 한다. 틱톡에서 '#02년생'과 같은 해시태그가 눈에 띄는 것도 동년배가 어디에 가서 무엇을 먹는지 궁금해하는 심리의 반영으로 볼 수 있다.

틱톡에는 여러 뷰티 기능, 재밌는 AR 필터와 보정 기능, 배경음악 등이 있어서 영상을 만들기가 더 수월하다. 심심할 때 간단한 놀이를 하기에도 좋다. 하지만 동시에 많은 사람들이 틱톡에서 '추천 피드'에 올라가기를 바란다. '#추천', '#추천떠라', '#fyp'와 같

| 추천 피드는 틱톡의 가장 영향력 있는 노출 창구이다. 많은 이들이 추천 피드를 통해 콘텐츠를 홍보하고 팔로워를 모으다 보니, 자연스레 추천 피드에 올라가길 바라는 해시태그들이 늘어났다.

은 해시태그만 봐도 짐작할 수 있다. 반드시 비즈니스 목적이 아니더라도 추천 피드에 여러 차례 노출돼서 반향을 일으키려는 니즈가 개개인에게 있는 것이다. 많은 이용자들이 틱톡에서 유행하는 영상 연출을 따라 춤을 추거나 립싱크, 상황극 연기, 멋진 일상을 보여주는 식으로 팔로워를 모은다.

본래 인플루언서였다면 틱톡 활용의 목적이 더욱 뚜렷할 것이다. 틱톡에 입문해서 팔로워를 모으고 이걸 외부 소셜미디어 채널로 유도하거나 인플루언서가 돼서 수익 창구를 확보하는 것이다. 국경이 없는 틱톡 플랫폼의 특징을 활용해 해외 팬도 만들 수 있다는 특징이 있다.

기업이 브랜드나 기업문화를 홍보하기 위해 틱톡을 활용한다면 어떨까? 130만 명의 팔로워를 보유한 '구찌(GUCCI)' 계정을 예로 들어보자. 구찌는 기존 명품 브랜드 특유의 거리감을 불러일으키는 콘셉트가 아닌, 틱톡 결에 맞게 집에 있는 소품을 활용해 구찌 느낌을 내는 '구찌 모델 챌린지' 등을 직접 제작해서 바이럴했다. 그 결과 2억 5,000만 조회 수를 모으며 MZ 세대 사이에서 큰 반향을 일으키기도 했다.

틱톡 채널을 이용하려면 크리에이터가 되려는 이유를 먼저 찾는 것이 중요하다. 꼭 수입이 나지 않더라도 일단 개인 브랜드 혹은 내 전문성을 알리는 것이 주된 목적인지, 아니면 제품을 판매

할 수 있는 미디어커머스 창구를 만들고 싶은지. 혹은 MZ 세대와 소통하며 팬덤을 확보하고 싶은지 등을 확실히 하는 것이 좋다. 콘텐츠 크리에이터가 되려는 주된 목적, 틱톡을 어떤 공간으로 활용할지에 대한 명확한 목적이 없으면 처음에는 신나게 틱톡에 영상을 올리다가 어느 순간 그 열정이 시들해질 수 있다. 그러면서 틱톡에서 유행하는 것으로 보이는 이런저런 콘텐츠를 철새처럼 따라 하게 될 수도 있다. 이에 정체성을 잃어서 본래 성취하려 했던 콘텐츠, 비즈니스 목적도 잃을 수 있다.

반면 내가 콘텐츠, 콘텐츠 채널을 통해 얻으려는 여러 목적 중 지금 나에게 가장 필요한 목적과 장기적으로 이루고자 하는 목적을 구분 짓고, 이 둘 사이에 접점을 만드는 데 틱톡을 어떻게 활용할지 고민하는 것으로 콘텐츠 전략을 짜면 지금 해야 할 일과 앞으로 할 일이 명확해진다.

프로슈머는
어떻게 탄생하는가?

똑같은 크리에이터라 해도 틱톡을 이용하는 목적은 다르며, 그 목적이
곧 소비자와 생산자를 결정 짓는 요인이 된다. 모든 이용자가 프로슈머
가 되는 것이 용이한 틱톡 생태계에서 이런 변신은 누구에게나 가능한
일이 된다.
구찌에서 틱톡커들의 눈높이에 맞춰 바이럴했던 '구찌 모델 챌린지'만
봐도 프로슈머의 자질을 충분히 갖춘 이용자들을 찾아볼 수 있다.

짧을수록 목적이 명확해야 한다
틱톡 활용의 목적 설정

틱톡 이용도 작심삼일이 되기 쉽다. 처음에는 호기로운 마음으로 틱톡에 영상을 올리다가도, 추천 피드에 노출되지 않은 저조한 조회 수를 보면 금세 힘이 빠진다. 단지 호기심만으로는 채널을 키우는 지난한 과정을 견디기 쉽지 않다. 그래서 틱톡을 처음 시작할 때, 그리고 채널을 키워갈 때 소위 '존버'가 중요하다. 취미를 넘어 제대로 틱톡이라는 플랫폼을 활용하겠다면 나만의 의도를 먼저 확실히 하고 그에 맞춰 버텨야 하는 것이다. 콘텐츠업에서 틱톡도 예외는 아니다.

쉽게 예를 들어보자. 처음 뉴즈가 틱톡을 시작할 때에는 크게 다음과 같은 세 가지 목적이 있었다. '정보성 콘텐츠를 제작한다. 텍스트가 아니라 영상 위주로 작업해본다. 유튜브보다는 좀 더 부담이 덜하고 새로운 독자층을 만날 수 있는 채널을 만들어보자.'

이 세 가지 목적 외에는 틱톡을 오래 할 유인이 적었다. 텍스트로 긴 글을 작성해서 프리미엄 콘텐츠를 만들고자 했다면 틱톡을 택할 이유가 없었다. 부수입을 당장 원했다면 틱톡보단 유튜브를 통해 조회 수 수입을 기대했을지도 모른다.

■ **틱톡 목표 설정을 위한 마인드맵**

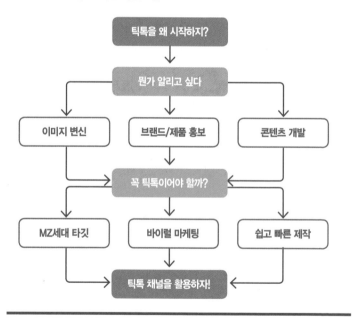

핵심은 내가 콘텐츠를 만드는 제1목적이 무엇인지 정의하고, 이를 위해 틱톡이 어떤 식으로 연동될 수 있는지 고민하는 것이다. 이 그림이 좀 더 명확해질 때 틱톡이 출발점이 될지, 혹은 다른 출발점을 돕는 채널이 될지 전혀 다른 계획을 세울 수 있다.

목적을 명료하게 구체화하는 노하우

그러면 콘텐츠를 만드는 데 틱톡을 활용하는 목적을 어떻게 구체화할 수 있을까? 생각해볼 기준의 두 가지 축은 시간과 돈이다. 내가 나만의 미디어를 구축했을 때 얻고자 하는 효과를 정의해야 한다. 그리고 단기적, 장기적으로 직접 수익화를 기대하는지 여부가 중요하다.

워싱턴포스트(WP)가 대표적인 예다. 2021년 7월 기준으로 팔로워 95만 명을 보유한 워싱턴포스트의 틱톡 계정(We are a newspaper)은 뉴스를 전할 때도, 혹은 브랜드를 알리는 콘텐츠에서도 '틱톡스러움'을 잃지 않는다. 미국에서 해외로 코로나 백신 원료를 공급한다는 뉴스를 상황극으로 묘사하는가 하면, 야후 지식인 서비스 종료를 기리며(?) 해당 서비스 캡처를 웃긴 합성 짤과 함께 영상물로 엮는다. 트럼프와 바이든의 아프가니스탄 미군 철수 소식을 상황극으로 비교하기도 한다.

| MZ 세대를 타깃으로 한 워싱턴포스트 틱톡 계정. 상황극으로 정치 상황을 설명하는 등 기존 언론사와는 다른 콘텐츠로 정체성을 구축했다.

    또한 워싱턴포스트 신문사를 알리는 콘텐츠도 자주 올린다. TV 뉴스 보도와 틱톡 영상에 대한 네티즌의 반응 온도차를 틱톡 음원에 맞춰 의인화하거나 보도국 내에서 동료들이 함께 틱톡에서 유행하는 챌린지에 맞춰 영상을 만들기도 한다.

    틱톡 채널 담당자 데이브 존슨은 "젊은 시청층에 우리 브랜드를 친근하게 전하고 신뢰를 쌓기 위해 틱톡을 활용하자"고 제안한 것으로 알려졌다. 워싱턴포스트가 올리는 콘텐츠는 주된 목적, 즉 'MZ 세대에게 워싱턴포스트라는 브랜드를 알리는 것'에 따른 결과물인 셈이다. 1887년에 창간한 신문사가 젊은 소비층에 제품, 즉 신문 브랜드를 알리기 위한 목적으로 틱톡 콘텐츠를 만든다. 당장 수익을 실현하기보다 장기적으로 브랜딩에 매진하는 것이다. 이렇게 MZ 세대를 타깃으로 한 워싱턴포스트 틱톡 계정은 기존 언론사와는 다른 콘텐츠로 정체성을 구축했다.

인플루언서 입장에선 틱톡을 활용하는 목적이 더 뚜렷하다. 바로 틱톡으로 영향력을 얻어 수익 모델을 만드는 것이다. 국내외 틱톡커 중에서 틱톡 프로필을 통해 대놓고 "내 IG로 놀러와!"라고 하며 인스타그램(IG)으로 넘어오라고 유도하는 이들을 심심찮게 볼 수 있다. 틱톡 프로필 페이지에 있는 외부 SNS 버튼의 경우 트위터, 유튜브와도 연계되지만 인스타그램 로고가 대표적이다.

제품 판매나 공동구매(공구)도 자주 이뤄진다. 전자상거래(이커머스)가 보다 활발하게 이뤄지는 플랫폼이라고 이해할 수 있다. 혹은 틱톡 프로필 대표 링크에 외부 웹사이트를 거는 경우도 있다. 외부 온라인 클래스부터 굿즈 판매 사이트, 유튜브 채널 링크 등 틱톡은 다양한 외부 채널과 연동이 된다. 물론 동일한 틱톡 프로필 대표 링크로 틱톡 내에서 수익 실현을 할 수도 있다. 틱톡 영상을 브랜디드 콘텐츠로 제작해 업로드하면서 해당 광고 영상에서 다루는 제품 판매 링크나 서비스를 프로필에 거는 식이다.

당신이 틱톡을 시작하려는 이유는 무엇인가? 당장 수익이 나지 않더라도 개인 브랜드, 혹은 내 전문성을 알리기 위해? 아니면 미디어커머스 창구를 만들고 싶어서? 혹시 MZ 세대와 소통하며 팬덤을 확보하고 싶은가? 팔로워를 모으는 이유가 무엇인지 생각해봐야 한다.

정리하자면 첫째는 콘텐츠를 만드는 궁극적인 이유, 둘째는 시간의 축, 셋째는 돈의 축이다. 이 세 가지 측면을 고려해서 내가 틱톡을 활용하는 목적을 설정하는 작업이 선행되어야 한다. 그 목적을 명료하게 잡고 세부적인 그림을 그릴 수 있을 때 이른바 '존버'가 가능하다. 지금 내게 가장 필요한 목적과 장기적으로 이루려는 목적, 그 사이에서 틱톡이 어떻게 효과적으로 쓰일지 정리해볼 것을 제안한다. 틱톡 브랜딩의 목적을 스스로 설정하면서 '나 자신이 미디어가 돼야 하는 이유'를 깨달을지도 모른다.

당장 틱톡을 활용하는 목적을 정의 내리기 어렵다면 일단 시작해보는 것도 나쁘지 않은 방법이다. 기회를 붙잡고 도전한 후 채널을 키워가면서 시청자의 수요를 발견하고, 그로 말미암아 틱톡 채널의 존재 이유가 정의될 수도 있다.

빠르게 실패할 수 있다는 것이야말로 숏폼 콘텐츠의 장점이다. 콘텐츠를 만들고 여러 차례 시도하고 실패하면서 빠르게 배울 수 있다. 어쩌면 틱톡을 활용하는 목적을 계획하는 것만큼이나 채널을 키워가며 그 목적을 깨닫는 것이 중요하다.

어떤 미디어가
되길 원하는가?

워싱턴포스트의 틱톡 채널은 타임라인만 봐선 언론 매체라고 보기 어렵다. MZ 세대의 눈높이에 맞춰 정보를 전달하겠다는 목적이 곧 이들의 정체성을 결정했기 때문이다.

나의 채널이 어떤 미디어가 되길 원하는가에 따라 채널의 목적과 정체성이 얼마든지 달라질 수 있다.

'타깃이 원하는' 아이스크림을 전해주자

· ·

목적에 맞는 타깃 이용자 설정

어린 시절, 부모님께서 아이스크림을 사 오셨을 때를 떠올려보자. 내가 원하는 것과는 사뭇 다른 종류의 아이스크림을 사 오신 때가 많았을 것이다. "나는 ○○○이 좋은데……"라고 투정을 부리면 부모님은 이렇게 말씀하시곤 했다. "이게 더 맛있는 거야."

여기서 문제가 뭘까? '맛있는 걸 먹게 하고 싶다'라는 부모님의 목적은 나의 욕구와도 부합하지만, 사 오신 아이스크림은 나의 욕구에 부합하지 않았다. 이때 문제를 해결하는 방법은 크게 두 가지다. 즉 부모님께서 나를 타깃으로 내가 좋아할 만한 아이스크림을 골라 사 오시는 것, 혹은 타깃을 바꿔서 부모님이 원하시는 맛

있는 아이스크림을 사 오는 것으로 목적을 변경하는 것이다. 목적에 따라 타깃, 효과 모두 달라진다.

틱톡 채널도 마찬가지다. 맛있는 아이스크림을 사준다는 목적을 정의했더라도 이 목적에 부합하는 타깃에게 이 아이스크림이 전달되는 것이 아니라면 '맛없는 아이스크림'을 받은 것이 된다. 내가 틱톡 콘텐츠를 만드는 목적과 상대방의 목적이 서로 맞아야 한다는 뜻이다. 그렇기 때문에 내가 틱톡을 활용하는 목적을 설정했다면 그다음으로 그 목적에 맞는 타깃 이용자가 누구인지 구체화하는 작업이 필요하다. 목적과 타깃 이용자가 명확해진다면 틱톡 채널에서 내가 만들 콘텐츠, 채널의 방향성도 명료해진다. 그래야 명확한 그림이 그려진다.

아이스크림을 원하는 사람의 모습을 구체적으로 그려라

이해를 돕기 위해 목적을 예시로 나눠보자. 틱톡을 통해 내 일상을 기록하는 것이 주된 목적이라면, 굳이 틱톡에서 유행하는 콘텐츠 유형을 맹목적으로 따를 필요는 없다. 여러 사람에게 노출되는 것보다 내 영상의 연출 스타일, 혹은 내 일상 콘텐츠를 좋아하는 사람들이 천천히 모이는 것을 기대할 수도 있다.

이때 타깃 이용자는 '내 지인 혹은 비슷한 취향을 공유하는 소

수', '나 자신'에서 시작된다. 내 취미를 꾸준히 틱톡 콘텐츠로 만들어 올릴 때, '에이, 설마 누가 관심을 두겠어?'라고 생각해도 어느새 나와 비슷한 취미, 취향을 가진 사람이 "나 이거 아는데" 하며 댓글을 남기기도 한다.

전문 사진작가들은 사진 스킬을 십분 활용해 멋진 풍경을 영상에 담는 식으로 일상을 공유할 수 있다. 이런 콘텐츠를 원하는 사람들이 팔로워로 모이면서 천천히 타깃이 확장되는 경향을 보인다. 처음에는 일상을 공유하는 것으로 시작해 콘텐츠 영역을 넓히는 전략을 쓸 수도 있다.

| 자신의 스타일링 노하우를 소개한 콘텐츠로 출발해 패션 인플루언서로 성장하는 사례 역시 타깃이 명확한 콘텐츠가 채널 성장 방향에 큰 영향을 미친다는 것을 알려준다.

하지만 내 일상을 기록하는 용도를 넘어, 더 다양한 사람들에게 내 콘텐츠를 공유해 구독자를 모으는 '인플루언서'가 되고자 한다면 타깃의 흥미를 돋우기 위해 틱톡에서 유행하는 음원이나 영상 연출 등을 활용해 내가 강조하고자 하는 포인트를 콘텐츠에 어떻게 담을지 더 고민하게 될 것이다. 마치 인스타그램에서 인플루언서가 활동하는 양식과 비슷하다. 이들은 방문한 카페의 인테리어를 부각할지, 디저트를 부각할지, 아니면 그 공간에 있는 나를 부각할지 사진 구도로 고민한다. 스냅 촬영 작가들은 멋진 풍경을 주로 올리며 '촬영 문의 연락처'를 남기기도 한다.

예쁜 카페 정보를 원하는 사람을 주요 타깃으로 삼을지, 예쁜 옷을 입은 내 모습을 원하는 사람들을 겨냥할지 등등 목적과 타깃에 따라 콘텐츠 내용물이 달라진다. 러닝이나 등산 등 액티비티 위주로 콘텐츠를 만들고 여기에 관심이 있는 팔로워를 모아 관련 협찬품을 받을 수도 있다.

틱톡에서 정보성 콘텐츠를 다루는 뉴즈는 또 다른 예시다. 테크와 트렌드 정보를 꾸준히 다루니 관련 주제에 관심이 있는 팔로워들이 주로 모인다. 이처럼 지식 콘텐츠 혹은 자기계발 분야에서 활동할 경우 손 댄스, 음원 커버, 상황극을 쫓는 시청자가 주요 타깃은 아닐 수 있다.

'내 온라인 클래스를 수강할 잠재고객을 찾는 것'이 목적이라면 꾸준히 동기부여 및 자기계발 영상을 제작해서 업로드한다. 내 목적에 맞게 일관된 틱톡 콘텐츠를 업로드하면서 '내 잠재고객은 쉬는 시간에 틱톡을 보면서도 자기계발 콘텐츠를 소비하는 20~30대'라는 식으로 타깃을 설정할 수 있다.

즉 틱톡 활용의 목적, 틱톡에서 공유할 메시지, 콘텐츠가 무엇인지 등을 정의한 후 잠재고객을 콘텐츠의 타깃 이용자로 함께 생각해둬야 한다. 고객의 상을 가상으로 잡고 목적에 맞게 채널을 키울 경우 팔로워가 모일수록 이 상을 구체화하거나 변경하는 등 후속 조치를 취할 수 있다. 이때 놓치지 말아야 할 점은 틱톡이 MZ 세대 중심으로 성장하는 숏폼 동영상 SNS라는 점이다.

MZ 세대는 쉬는 시간에도 모바일 콘텐츠를 소비하는 것을 일상적으로 받아들이는 세대로 알려져 있다. 숏폼 영상은 주로 쉴 때, 내 일상을 공유할 때, 그리고 남의 일상을 구경할 때 소비한다. 이들이 쉬는 시간, 일상을 구경하는 시간에 온라인 수업처럼 딱딱하게 느껴지는 콘텐츠를 제공한다면 크게 주목받기는 어려울 수 있다는 의미다.

그렇다고 해서 단지 재미만 추구해야 한다는 뜻은 아니다. 정보를 전달하는 영상이더라도 정보를 소비할 대상에게 친근하고 캐주얼하게 접근해야 한다는 것이다. 동일한 MZ 세대더라도 내 콘텐츠를 소비하고 따르려는 사람들의 시간을 어떻게 붙잡을지 생각하고 타깃 이용자에 대한 가상의 시나리오를 적는다면 콘텐츠 톤앤매너를 틱톡 플랫폼에 맞게 설정하는 데 큰 도움을 얻을 수 있다.

이런 식으로 접근하는 것은 비단 틱톡에서뿐만 아니라 어디에서든 콘텐츠 크리에이터로 일하면서 도움이 되는 습관이다. 블로그든 인스타든 유튜브든 나만의 미디어를 만들 때 활용해볼 만하다. 직장인을 대상으로 하는 IT 관련 정보성 뉴스레터를 기획했을 무렵에도 뭉뚱그려서 '2030이 봤으면 좋겠다'가 아니라 아래와 같이 구체화 과정을 거쳤다.

이렇게 타깃의 상을 구체적으로, 생활 패턴을 고려해 마련해야

■ **타깃 구체화 과정**

IT 정보 콘텐츠 타깃 구독자 설정
20~30대 직장인

30대 마케팅부서 김 대리
· 싱글/ 자취/ 개인공간 有
· 대중교통 출퇴근

→

자기계발에 관심 多
· 주말 스터디 모임
· 지식 크리에이터 구독

→

출퇴근 시간 활용 고민
· 유튜브만으로 부족하다?
· 신문, 잡지 기사는 부담

그 사람을 위해 특정 포맷으로 어떤 콘텐츠를 제공할지 기획할 수 있다. 내가 미디어가 되려는 이유와 남들이 내 콘텐츠를 봐야 할 이유 사이에서 나를 설득하고 추동하기 위해 스토리를 구상하는 것이다.

당신은 왜 아이스크림을 사려 하는가?

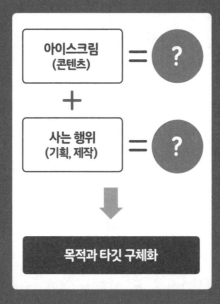

당신은 왜 아이스크림을 사려 하는가? 누구를 위해 사는가? 그 사람이 아이스크림을 원하는가? 원한다면 어떤 아이스크림을 원하는가? '아이스크림을 산다'는 문구에 '틱톡 콘텐츠를 만든다'를 대신 넣어보고 내가 설정했던 목적과 타깃을 다시금 가다듬어보자.

어떤 그릇에 콘텐츠를 담을 것인가

목적에 맞는 콘텐츠 분류

누군가를 좋아할 때 어떻게 마음을 표현하면 좋을까? 사랑에 빠진 사람은 어떤 행동을 하든 사랑하는 사람을 향하게 된다. 자신의 마음을 표현하는 게 가장 중요한 상황이기 때문이다.

사랑에 빠진 사람이 늘 사랑하는 대상을 향해 움직이듯이 목적을 살리는 콘텐츠를 꾸준히 만드는 것이 중요하다. 틱톡을 활용하는 목적, 목적을 이루기 위해 마음을 얻어야 할 타깃 이용자가 정해졌다면 이 이용자를 모으기 위해 어떤 콘텐츠를 만들지 분류하는 작업을 해야 한다. 그리고 멀리 있을 때도, 곁에 있을 때도 타깃을 잊지 않는 콘텐츠를 만든다면 목적을 달성할 수 있다.

목적과 타깃 사이에 징검다리 역할을 할 '나의 틱톡 콘텐츠'는 이미 내 안에 존재한다. 어떤 그릇에 담느냐에 따라 모양이 조금씩 달라질 뿐이다. 이걸 발견할 때 남들과 다른, 내 목적에 한 걸음 다가가는, 지속 가능한 형태로 제작하는 콘텐츠를 기획할 수 있다.

틱톡에선 모방이 관건이라는 점을 기억해야 한다. 여러 사람이 서로 모방해서 하나의 틱톡 챌린지를 만드는 것처럼 내 마음을 표현하는 방법을 타인으로부터 배울 수 있다. 목적에 따라 타깃을 향하는 나만의 콘텐츠를 고민할 때 틱톡은 교과서이자 참고자료가 된다는 의미다.

무엇을 원하느냐에 따라 콘텐츠의 결이 달라진다

패션 분야를 예로 들어보자. 똑같이 패션 틱톡커라 해도 틱톡을 활용하는 목적에 따라 내 콘텐츠의 결이 조금씩 달라질 수 있다. 내 패션 아이덴티티를 알리는 것, 특정 브랜드를 홍보하는 것, 내가 운영하는 쇼핑몰을 잠재고객에게 노출하는 것 등 여러 가지 중에서 어떤 목적을 가질지 생각해야 한다. 똑같이 예쁜 옷을 부각하더라도 목적에 따라서 '내 콘텐츠'에 장치들이 더해진다.

내 쇼핑몰을 노출하고자 한다면, 쇼핑몰에 있는 옷을 위주로 코디한 후 예쁜 핫플레이스에 방문해서 틱톡 댄스를 추는 콘텐츠를 시도해볼 만하다. 일상 모습이나 코미디 콘텐츠를 제작할 때도 내 쇼핑몰에 있는 옷을 입고 나올 수 있다. 내 쇼핑몰 옷을 위주로 코디를 고르는 연출, 반전 음원으로 잠옷에서 예쁜 (내 쇼핑몰) 옷으로 변신하는 연출을 구상할 수 있다.

목적이 '내 쇼핑몰의 옷을 최대한 많이 노출하는 것'이라고 가정해보자. 콘텐츠는 재밌고 멋지면서 자연스럽기까지 한 광고에 가깝다. 이 콘텐츠 마케팅의 타깃은 내 쇼핑몰에서 주로 파는 옷을 구매하는 연령대 및 성별의 사람들이다. 나의 콘텐츠는 쇼핑몰 옷을 최대한 직간접적으로 활용하는 영상이 될 것이다.

일반 패션 틱톡커의 경우 변신, 코디 등과 관련해 동일한 콘셉트를 지닌 패션 콘텐츠도 특정 브랜드에 맞춰서 영상 제작을 할 수 있다. 그런가 하면 'ㅇㅇ처럼 코디하는 법'이라는 내레이션 음원을 만들며 패션 관련 시리즈물로 코믹하게 승화하는 경우도 있다. 비슷한 듯 다른 접근이다. 패션이라는 동일한 테마를 소재로 한다 해도, 만들어내는 콘텐츠는 각각의 정체성에 따라 다르게 나올 수 있다.

엔터테인먼트 분야 틱톡커가 되고자 한다면, 틱톡에서 춤, 노래, 상황극 연기 등을 통해 최대한 많은 구독자를 모으고 존재감을 드러내는 것이 좋다. 해외에서 유행하는 챌린지를 가장 먼저

| 같은 패션 틱톡커라고 해도 각각의 채널 정체성에 따라 다르게 콘텐츠를 구성할 수 있다. 위의 이미지는 파란색을 메인 컬러로 스타일링하는 방법을 소개하는 패션 틱톡커, 벅스앤재니나(Bucks&Janina).

국내에서 시도해 국내외 팬덤을 모두 사로잡는 전략도 가능하다.

무명 배우들도 틱톡에서 활약할 수 있다. 틱톡에서 유행하는 연기 콘텐츠를 자기 식대로 기획, 촬영, 제작하는 것도 좋다. TV에서 설 자리를 잃은 개그맨들이 유튜브에서 최준, 매드몬스터 등으로 활약하는 것처럼 틱톡을 무대 삼아 자신을 알릴 수 있다.

개인이 아닌 댄스 아카데미에서 운영하는 채널이라면 아카데미 스튜디오를 전체적으로 보여주면서 연습생들이 다 함께 춤을 추는 영상을 틱톡에 짧게 올려볼 만하다. 이런 식으로 아카데미 브랜드를 홍보하고 잠재고객을 유치할 수 있다. (이는 유튜브에서도 자주 볼 수 있는 모습이다.)

현장에서 공연을 하는 안무가나 댄스크루는 공연 하이라이트, 평소 연습 영상, 전문 댄서가 추는 틱톡 댄스 등으로 콘텐츠의 소비자에게 자연스럽게 존재를 알린다. 똑같이 '알리는 것'이 목적이더라도 무엇을 알리고자 하느냐에 따라 춤 영상의 내용도 조금씩 달라진다. 지식 콘텐츠 크리에이터도 목적에 따라 콘텐츠를 다르게 만든다. 의료계 종사자가 틱톡 채널을 운영하는 경우 자신의 전문성을 살려서 생활 건강정보나 의학지식을 짧은 영상에 담아 쉽고 재미있게 전달하곤 한다. 그런데 그 안에서도 디테일 측면에서 차이점이 보인다.

개인 브랜딩과 함께 업체 홍보를 목적으로 틱톡을 활용한다면

| 실제 병, 의원에서 운영하는 틱톡 채널. 전문적인 의학 지식은 물론 다양한 콘텐츠로 이용자들과 소통하고 있다.

업체 안에서 틱톡 촬영을 진행할 수 있다. 업체 로고가 보이도록 촬영 구도를 잡거나 로고를 따로 화면에 편집해 넣고, 프로필 대표 링크에는 업체 웹사이트를 표시해둔다. 이런 것도 목적을 살리는 틱톡 콘텐츠의 예다.

모두가 댄스를 할 필요는 없다

다시 말하지만 틱톡 채널을 여는 목적이 무엇인지, 누구에게 내 이야기가 통하길 원하는지에 따라 내 콘텐츠는 달라진다. 타깃 이용자의 상을 잡았다면 그에 맞춰 내 캐릭터도 다르게 잡히고, 그

캐릭터로서 일관되게 콘텐츠를 기획하고 제작하게 되는 것이다. '그러면 목적에 부합하지 않는 콘텐츠는 무조건 제외인가?' 아니다. 목적에 부합하는 정도가 다를 뿐 모든 콘텐츠는 조금만 신경써서 제작하면 목적에 기여할 수 있다. 유행한다는 이유만으로 남의 콘텐츠를 따라 하지 말고, '남다른 모방'을 시도하자는 의미다.

특히 틱톡에서 내 콘텐츠가 본래 내 캐릭터와 너무 동떨어져선 안 된다는 게 포인트다. 종종 틱톡 채널에선 무조건 재밌는 모습을 보여줘야 한다며 무리하는 사람들이 있다. 하지만 내 안에 없는 캐릭터를 억지로 끌어낼 경우 시청자도 그 콘텐츠에 부담을 느낄 수밖에 없다. 아무리 상대편의 마음을 얻기 위해 나를 포장하더라도 마음을 얻어 관계를 유지하기 위해선 구애의 말 한마디마다 내가 남아 있어야 한다. 남들의 연애 비법을 듣더라도 그걸 어설프게 따라 하기보단 '나라면 이렇게'라는 식의 기획이 한 차례 더 들어가면 어떨까.

틱톡을 활용하는 목적이 결국 나라는 큰 그림 안에서 다른 목적들과 연계되듯이 틱톡에서 잠재고객을 찾는 나만의 콘텐츠도 나로부터 비롯되어야 한다. 그래야 오래 활동할 수 있고, 오래가는 관계를 맺을 수 있다. 바로 이것이 틱톡을 시작했다고 해서 억지로 춤을 추진 말라고 조언하는 이유다.

Point 당신만의
콘셉트는 무엇인가?

트렌드를 따라가는 것이 항상 능사는 아니다. 자신만의 콘셉트가 확실
하다면 굳이 트렌드에 따라가지 않아도 얼마든지 개성 있는 콘텐츠를
만들 수 있다. 콘셉트가 곧 콘텐츠의 결이 되기 때문이다.
타마라 다이(Tamara Dai)는 자신이 영감을 받은 캐릭터와 브랜드를
토대로 자기만의 스타일링을 해내는 패션계 인플루언서다. 자기만의
방식대로 캐릭터를 구축하는 방식을 보여주는 사례다.

일관된 콘셉트는 숏폼을 더 매력적으로 만든다

· ·

채널에 맞는 콘텐츠 유형 기획

틱톡을 하는 목적, 타깃 이용자, 나만의 콘텐츠를 정의하는 작업을 거쳤다면 본격적으로 내가 참고할 만한 틱톡 콘텐츠들을 찾아야 한다. IT 매체 〈아웃스탠딩〉에서는 크게 10가지로 틱톡 콘텐츠 유형을 나눴다.[4] 이를 참고해서 틱톡 콘텐츠 유형을 대략 다음과 같이 12가지로 분류해보았다.

1 | **상황극** : 1인 다역, 화면을 응시하는 pov 형태 등 초단편 영상에서 본인이 기획, 연출, 연기 등을 하는 유형이다. 립싱크나 직접 대사, 자막을 활용해 극적인 영상을 만든다.

2 | **분장** : 디즈니 캐릭터, 이모티콘, 아이돌, 브랜드 이미지 등 다양한 소재를 활용해서 커버 메이크업을 한다. 전후 비교 영상도 극적인 효과를 준다. 코스프레 콘텐츠도 적지 않은 편이다.

3 | **미적 경험** : 레진아트, 드로잉, 다꾸(다이어리 꾸미기), 손글씨나 캘리그라피 등 눈으로 즐길 수 있는 다양한 미적 경험을 틱톡에서도 충분히 즐길 수 있다.

4 | **티로그(t-log)** : 브이로그가 틱톡에 와서 티로그가 됐다. 10초 안에 서울 보여주기부터 음원에 맞춰 일상을 보여주는 등 저마다 멋지고 개성 넘치는 일상 영상을 제작해 공유한다.

5 | **귀여운 영상** : 아기, 고양이, 강아지 등 귀여운 것들이 등장하는 콘텐츠 유형은 이유를 불문하고 늘 인기를 얻는다.

6 | **댄스** : 간단한 챌린지부터 손 댄스, 전문 댄스 등 틱톡에서 댄스의 범위는 끝없이 확장된다. 음원을 기반으로 콘텐츠가 제작되는 경우가 많으며 B급 코미디로 승화되기도 한다.

7 | **노래** : 음원 커버부터 하프 연주까지 다양한 음악 관련 콘텐츠를 틱톡에서 접할 수 있다. 듀엣 기능을 활용해 서로 모르는 사람끼리 화음을 넣으며 노래를 부르는 것도 가능하다.

8 | **실험** : 몰래카메라, 풍선에 구멍 뚫어 층류 만들기, 수박에 고무줄 최대한 많이 묶기 등 소셜 · 과학 실험은 틱톡에서 자주 볼 수 있는 콘텐츠 유형 중 하나다.

9 | **비언어 꿀팁** : 말이 필요 없는 생활 정보 전달 콘텐츠 유형이다. 사진 포즈, 레시피, 스마트폰, 공부 방법 등 유용한 정보를 얻으려는 틱톡 이용자 성향에 맞춘 온갖 꿀팁 영상이 존재한다.

10 | **정보 설명** : 흥미로운 지식을 말로 설명하는 콘텐츠 유형이다. '사진 속 숨겨진 끔찍한 진실', 패션계 소식, 흥미로운 인물 소개, 역대급 사건 사고 등 뉴스나 상식을 재밌게 전달한다.

11 | **밈(meme)** : 온라인상에서 메시지와 이미지를 유행시키는 단위를 가리키는 단어이다. 크랜베리 주스를 마시며 보드를 타는 할아버지 영상이 화제가 되어 바이럴되는 현상이 그 예다. 반드시 바이럴된 영상이 아니라도 숏폼 영상을 이모티콘과 같은 형태의 짤로 연출할 수 있다.

12 | **영상 연출** : 틱톡에는 의외로 높은 수준으로 연출된 영상들이 많다. 일반 틱톡커가 특별한 편집 기술 없이 화려한 전환 효과를 보여주는 것부터 CGI를 활용한 고난도의 편집 영상까지 다양한 스펙트럼으로 연출된 영상들을 볼 수 있다.

대부분의 유명한 틱톡 채널에는 일관된 콘셉트가 있다. 상황극, 슬로 모션, 코미디 등 대부분의 콘텐츠가 채널의 개성이 드러나도록 장르와 유형이 통일되고 디테일에서 차이가 생긴다.

물론 처음부터 지금의 모습이었던 것은 아니다. 틱톡 춤을 추는 틱톡커도 맨 처음엔 일상을 짧게 기록하는 브이로그 영상을 올리는 것으로 시작했다. 첫 영상과 요즘 영상이 전혀 다른 경우가 적지 않은데, 이는 점차 채널의 목적에 맞게 콘텐츠 유형이 자리를 잡았던 것으로 보인다.

타깃 이용자 반응에 따라 변화는 유동적으로

뉴즈를 예로 들어보자. 뉴즈의 목적은 '기술과 미래 트렌드 정보를 짧은 영상으로 전달하는 것'이었다. 맨 처음에 올렸던 영상도 페이스북의 CEO 마크 저커버그와 중국의 시진핑 주석이 블록체인 기술에 주목한다는 내용이었다. 자막도 거의 없고 틱톡에서 유행하는 배경음악도 쓰지 않았다.

하지만 영상을 본 이용자의 반응을 살피면서 뉴즈의 콘텐츠 유형도 바꿨다. MZ 세대가 관심을 가질 만한 트렌드로 무대를 넓혔다. 인공지능에 관한 콘텐츠에서 기술을 일일이 설명하기보단 멜론 실시간 음원 차트 폐지, 웹툰 대신 그려주는 AI 등에 대한 소식으로 흥미를 유발했다. 스마트폰 꿀팁 영상도 콘텐츠 유형을 찾는 시도였다.

뉴스 전달 위주였던 뉴즈는 이용자가 직접 시도하거나 참여해

| 뉴즈의 콘텐츠 변천 과정. 초기 영상은 자막도 거의 없고 단순했지만, 점차 주제와 배경, 자막 등이 다양해지는 변화를 겪었다.

볼 수 있는 실험형 콘텐츠를 제작하는 데 도전했다. 본래 목적에 부합하면서도 '얼리어답터'라는 타깃 이용자를 모으기 위해 설명형 콘텐츠를 탈피했고 기대한 바를 이뤘다. 이와 같이 틱톡 채널 기획에 맞는 콘텐츠 유형을 일단 시도하고 이용자의 반응을 살피면서 점차 자신의 채널에 맞는 유형을 찾아가야 한다. 결국 해봐야 개선사항을 알게 된다. 자신의 틱톡 채널 기획안에 맞는 콘텐츠 유형이 무엇인지 간략하게 적어보는 것으로 시작할 수 있다.

자신의 채널에 맞는 콘텐츠 유형을 찾기 위한 구체적인 방법으로는 크게 다섯 가지를 생각해볼 수 있다. 첫째, 틱톡 해시태그를 활용해 각 콘텐츠 유형에 있는 기존 콘텐츠를 살펴본다. 영어로 '#comedy', '#dance', '#makeup', '#tutorial', '#pov', '#meme', '#pet', '#learnontiktok' 등 콘텐츠 유형을 나타내는 해시태그를 검색어로 쓸 수 있다.

둘째, 특정 콘텐츠 유형을 꾸준히 검색하고 소비해 피드가 이를 인지하고 비슷한 콘텐츠를 추천 영상으로 띄우도록 한다. 추천 영상은 초 단위로 갱신되는 것으로 알려져 있다. 레퍼런스 영상을 3~4개 시청하거나 특정 채널을 팔로우해두면 추천 영상이 목적에 맞게 최적화된다.

셋째, 장르를 혼합하는 것도 내 틱톡 채널에 맞는 콘텐츠를 찾는 데 도움이 된다. 뉴스는 소송전을 말로 설명하지 않고 간단한 상황극으로 표현해 좋은 반응을 이끌었다. 짧은 틱톡 음원에 맞춰 춤을 추면서 음원 타이밍마다 자막으로 '○○에 대한 ○가지 사실'에 해당하는 정보를 전달했다.

넷째, 동영상 회신 기능을 활용해 이용자의 반응을 극대화할 수도 있다. 틱톡에는 내 영상에 달린 댓글에 새로운 영상으로 대댓글을 남기는 기능이 있다. 댓글로 달린 질문에 아예 영상 콘텐츠로 화답하고, 이 영상 댓글에 새로운 질문이 더 많이 달리도록 피드백 구조를 강화하는 것이 가능하다.

마지막으로 인스타, 유튜브 등 타 플랫폼에서 나의 비슷한 카테고리로 활동하는 크리에이터를 참고하는 것도 방법이다. 조회 수와 구독자 수로 콘텐츠에 대한 수요가 검증됐지만 아직 틱톡에서 찾아보기 어려운 종목이라면, 틱톡 유형에 맞춰 먼저 시도해서 선점하는 효과를 누릴 수 있다.

나에게 맞는 콘텐츠 유형을 알고 있는가?

◆ 콘텐츠 탐색 단계 ◆

해시태그 검색

↓

추천 영상 검색

↓

유사 유형 콘텐츠 및 크리에이터

↓

나에게 맞는
콘텐츠 분류 및 정의

나에게 맞는 콘텐츠 유형이 무엇인지 찾아보는 방법은 수없이 많다.
그러나 가장 정확한 것은 어쩌면 일단 직접 해보는 것일지도 모른다.
다양한 해시태그와 카테고리 가운데 당신에게 맞는 유형은 분명히 존
재할 것이다.

팔로워 유지, 짧아도 계속 보고 싶게!

채널 성장을 위한 브랜딩 노하우

나만의 채널을 분석하고 열심히 고민해서 멋진 콘텐츠들을 만들었다면, 이제 우리가 고민해봐야 할 것은 바로 '운영 노하우'다. 먼저 구독자의 기대를 모으는 채널의 특징을 살펴보자. 영상을 기획하고 만들어서 편집하는 방법까지 모두 터득했다. 이제 업로드만 하면 무럭무럭 채널이 성장할까? 아니다. 여타 SNS와 마찬가지로 틱톡에서 채널 키우기는 쉬운 듯 결코 쉽지 않다. 갈수록 더 많은 사람들이 콘텐츠를 만드는 이 시점에 틱톡 추천 피드에서 내 영상이 돋보이는 것도, 팔로우를 얻는 것도 만만하지 않다. 조회수 높은 영상이 하나 나온다고 반드시 팔로워가 쑥 늘어나는 것도 아니다.

광고주 입장에서는 조회 수만 높은 채널보단 팔로워 기반이 탄탄한 채널을 선호하는 경우도 있다. 조회 수가 곧 구매 전환율로 이어지지 않는다는 걸 광고주도 잘 알기 때문이다. 허수가 아닌 '충성' 팔로워들이 있는지도 중요해졌기 때문에 내 이야기에 반응하고 나만의 팔로워를 채널에 모으는 것이 계정 운영의 시작점이 된다.

효과적인 성장을 위한 두 가지 방법

시청자가 내 콘텐츠를 보고 팔로워가 되도록 하는 방법으로는 두 가지, 즉 신규 팔로워 유치와 기존 팔로워 유지를 생각할 수 있다.

먼저 신규 팔로워 확보에는 크게 세 가지가 필요하다. 우선 새로운 시청자에게 노출될 수 있도록 바이럴이 잘되는 영상을 제작하는 것, 그리고 그 영상들을 통해 내 채널에 유입된 사람들이 채널의 특징을 쉽게 알 수 있는 분명한 콘셉트로 채널을 구성하는 것, 마지막으로 시청자와 소통하며 요청사항에 즉각적으로 반응하는 채널임을 보여주는 것이다.

일단 추천 피드를 통해 내 영상이 널리 소비될 때에야 비로소 내 채널도 새로운 시청자에게 노출된다. 바이럴이 되는 영상을 제작하는 것, 그래서 새로운 시청자 자체를 먼저 확보하는 것이 첫 걸음이다.

바이럴이 된 영상 하나를 보고 팔로우 버튼을 꾹 눌러준다면 좋겠지만, 사람들은 까다롭다. 영상을 시청하고 댓글을 써도 팔로우까지는 안 할 수 있다. 콘텐츠를 자주, 여러 번 보게 되거나 채널 프로필 페이지까지 들어와서 그간 내가 어떤 영상을 만들어왔는지 확인한 후에야 팔로우 여부를 결정하게 된다. 그래서 채널은 콘셉트가 분명할수록 좋다. 채널에 들어왔을 때 한눈에 채널의 개성, 분야, 영상 스타일이 드러난다면 시청자가 이 틱톡 채널을 팔로우할지 말지 판단하는 데 도움이 될 것이다. 채널이 주는 기대감은 그 기대를 품고 팔로우 버튼을 누른 이용자들이 팔로우 상태를 유지하는 데도 큰 역할을 한다.

여기서 한 가지 팁이 있다. 영상을 모두 만든 후 설정하는 영상 대문 사진, 썸네일을 가능한 비슷한 포맷으로 맞추는 것도 채널의 정체성을 드러내는 장치다. 피드를 예쁘게 통일하는 것이다. 영상에 나오는 인물이나 사물을 제외하고도 프로필 페이지에서 이 채널의 스타일을 통일해주는 요소가 된다.

채널의 매력을 높이는 세 번째 포인트는 시청자와 소통을 잘하는 채널, 요청사항에 반응하는 채널이라는 느낌을 심어주는 것이다. 새로운 팔로워가 유입되고, 기존 팔로워들이 팔로우 취소를

| 시각적으로 채널의 콘셉트를 잡아주는 일차적인 장치가 바로 썸네일이다. 통일성 있는 썸네일 이미지로 구성된 프로필 페이지 역시 콘셉팅 요소가 된다.

하지 않고 꾸준히 채널에 남아 있게 하는 데 '소통'은 백 번 강조해도 아깝지 않다. 여기서 잠깐 숏폼 콘텐츠, 특히 틱톡을 즐겨 이용하는 MZ 세대의 주요 특징 세 가지를 분석해보고자 한다.

① 쌍방향 소통을 중요하게 여긴다.
② 숏폼 콘텐츠에서 배움을 원한다.
③ 남다른 실천력을 갖고 있다.

MZ 세대는 좋아하는 크리에이터가 콘텐츠를 기획해서 올릴 경우 해당 영상으로 듀엣(*다른 크리에이터의 콘텐츠에 자신의 영상을 이분할 혹은 삼분할된 화면으로 합쳐 제작하는 기능) 영상을 만들거나 이어찍기 영상을 만드는 등 시청한 콘텐츠에 대한 '반응'을 즉각적으로 보인다. 그렇기 때문에 영상 설명으로 'ㅇㅇㅇ한 친구' 태그라고 언급하면 바로 댓글로 해당 지인을 태그하기도 한다. 그래서 재밌는 영상 설명 태그 중에는 "태그에서 다섯 번째인 사람이 지금 치킨을 먹고 있대요"라는 식으로 설명하면, 다른 이용자가 다섯 번째 태그자를 태그하고 "치킨 먹고 있어요?"라고 묻는 경우도 있다. 뉴즈의 댓글에서도 이런 식의 태그가 자주 보인다.

다른 플랫폼 이용자들의 경우 실제로 도움이 되는 정보나 공감되는 콘텐츠에만 지인을 태그할 때가 많은데, 틱톡 이용자들은 실제로 아는 사이는 아닌 랜선 지인까지도 태그하는 등 태그 부분에서 훨씬 자유롭다는 특징을 지니고 있다.

이는 앞서 말한 MZ 세대의 두 번째 특징 즉, 숏폼 콘텐츠에서 배움을 원한다는 것과도 연결된다. 틱톡 이용자들은 평소 알고 싶

었던 지식, 혹은 알아두면 좋을 것 같은 영상을 '북마크' 같은 즐겨
찾기 기능으로 저장하기도 하지만, 듀엣을 통해 출처를 밝히고 본
인의 영상에 2차 창작으로 올리기도 한다. 해당 배움을 기억하기
위해, 혹은 본인의 팔로워 및 지인들에게 함께 공유하기 위해, 자
신의 채널에도 올리는 것이다.

모바일 네이티브인 MZ 세대는 영상으로 정보를 얻는 세대이
다. 다른 세대가 어떤 이슈가 있을 경우 구글이나 네이버, 다음 등
검색 엔진에서 텍스트로 정보를 찾는 것과 다르게 MZ 세대는 유
튜브에 검색해서 영상으로 정보를 접한다. 실제로 더우인의 경우
중국에서 유튜브와 같이 '검색' 창구로도 쓰이고 있다. 한국 틱톡
에서도 같은 흐름이 이어지고 있다.

MZ 세대의 또 다른 특징은 '남다른 실천력'이다. 이는 'ㅇㅇㅇ
한 친구'를 태그하라는 영상 설명이 있을 경우 태그로 실천력을
보이는 행동과도 연결이 된다. MZ 세대는 어떤 정보를 접했을 때,
기록해두고 다음에 하는 게 아니라 정보를 받아들인 즉시 실천한
다는 특징을 지니고 있다. 이러한 특징을 파악해 틱톡 이용자와
'댓글로 소통', '동영상 회신', '라이브 방송'을 함으로써 소통을 이
어갈 수 있다.

기존 팔로워를 유지하기 위해서 소통이 중요하므로 팔로워들
의 참여 및 대화 창구를 이끌어낼 수 있는 콘텐츠를 제작하는 것

도 중요하다. 팔로워들과 소통할 수 있는 주제를 정해 콘텐츠를 제작해보자. 굳이 특별한 메시지가 담기지 않아도 좋다. '좋아하는 음식 써보기', '장래희망 이야기해보기' 등 영상 설명이나 댓글 공지를 통해 이야기들을 끌어내는 것도 가능하다.

그리고 가능하면 팔로워들의 댓글에 직접 답글을 달아주는 것도 팔로워들에게 큰 성취감을 준다. 실제로 '좋아요(하트)'를 눌러주거나 답글을 달아줬다는 이유만으로 '팔로우할게요!'라며 팔로우 전환이 되는 경우들을 종종 본다.

3초 안에 관심을 사로잡는 노하우

틱톡에서 잘 되는 영상의 가장 중요한 특징은 인트로에 있다. 인트로에서 첫 3초 안에 사로잡는 것이 성공 법칙이다.

콘텐츠를 넘겨 보는 플랫폼 특성상 첫 3초를 사로잡지 못하면 이용자가 바로 다음 영상으로 넘어갈 수 있기 때문이다. 그렇다면 빠르게 이용자의 시선을 사로잡는 노하우는 무엇일까?

❶ 대중들이 관심 가질 일반적인 후킹 문장을 선별하라!
예) SNS 프라이버시 꿀팁 알려드릴게요. (×)
→ '브이(V)' 하고 사진 찍으면 안 된다는 사실! 알고 있었나요?(○)
❷ '미괄식'이 아닌 '두괄식' 핵심과 결론을 맨 앞에 배치하라!
❸ 후킹만 하면 끝? 스토리텔링도 중요하다!
후킹 후에도 영상 시청을 유지하려면 매력적인 스토리텔링이 필수다.

Point
댓글,
얼마나 활용하고 있는가

팔로워 확장과 유지의 핵심은 바로 소통이다. 숏폼 콘텐츠에 댓글로 빠르게 실시간 피드백을 주고받는 틱톡의 기능을 십분 활용해야 하는 이유가 여기에 있다. 댓글을 단순 기능이 아닌, 타깃에게 직접적으로 메시지를 전달할 수 있는 방법으로 활용하는 능력을 키워야 한다.

채널에 어울리는 브랜디드 콘텐츠 기획이 핵심

비즈니스 유형 ① 브랜디드 콘텐츠

틱톡뿐만 아니라 숏폼 콘텐츠들이 광고 시장의 블루칩 플랫폼으로 떠오르는 데에는 다 이유가 있다. 모바일에서 광고를 볼 때 익숙한 광고 시간이 있다. 바로 '15초'다. 틱톡이 처음에 알려지게 된 영상 길이는? 그렇다. 바로 '15초'다. 짧은 광고에 익숙해진 이들에게 숏폼 영상 플랫폼인 틱톡은 안성맞춤인 광고 플랫폼인 셈이다.

한 예로, 중국 틱톡인 더우인의 추천 피드는 '광고판'이라고 볼 수도 있다. 더우인에는 콘텐츠에 커머스 링크를 연결해서 바로 커머스로 이어지게 하는 기능이 있기 때문이다. 인스타그램과 같은

SNS에 어떤 게시물을 클릭했을 때, 커머스 사이트로 연결되는 링크들이 뜨는 것처럼, 더우인에도 영상 콘텐츠에 이러한 기능이 들어가 있다. 그래서 중국 크리에이터들은 본인의 제품 링크를 콘텐츠에 연동시켜 직접적인 커머스를 하거나, 광고를 받아 클릭 전환율에 따라 수수료를 받기도 한다.

국내 틱톡에서 진행되는 대표적인 광고 사례로는 브랜디드 콘텐츠, 챌린지 광고, 탑뷰 광고, 라이브커머스 등이 있다. 먼저 미디어, SNS에서 가장 많이 진행되는 '브랜디드 콘텐츠'에 대해 다뤄보고자 한다.

자신의 채널에 어울리는 브랜디드 콘텐츠 기획

브랜디드 콘텐츠란 콘텐츠 안에 자연스럽게 브랜드 메시지를 녹이는 콘텐츠로, 소비자들의 공감 혹은 흥미를 이끌어내서 자발적인 바이럴 및 공유가 이루어지는 것을 목표로 한다. 영상 분량과 시청 지속 시간이 짧은 틱톡에서는 이런 구조적 특성을 고려하여 브랜디드 콘텐츠를 기획할 필요가 있다. 가령 제품에 대해 자세하게 설명하는 광고 형태보다 상황극 혹은 채널에서 주로 올리던 콘텐츠의 색깔에 맞게 제품을 홍보하는 형태가 더 잘 어울린다.

꾸준히 채널을 키우고 좋은 콘텐츠를 만들다 보니 광고주한테 광고 의뢰가 들어왔다고 가정해보자. 그런데 내가 댄스 틱톡커인데 갑자기 음식 광고가 들어온다면? 내가 뷰티 틱톡커인데 게임 광고가 들어온다면? 내가 평소에 올리던 콘텐츠와 어울리지 않으면 채널 피드 성격과 맞지 않고, 팔로워들도 혼란스러울 것이다. 하지만 채널 콘텐츠와 어울리게 기획한다면 평소 다루는 카테고리가 아니더라도 자연스럽게 콘텐츠를 만들어낼 수 있다. 그래서 '내 채널 콘텐츠에 어울리는 광고를 기획하는 것'이 정말 중요하다.

채널에 어울리는 브랜디드 콘텐츠를 기획하는 방법으로는 크게 네 가지가 있다.

① 정보성/꿀팁류 영상 기획
② 15초 틱톡 숏폼형 영상 기획
③ 상황극·코미디 영상 기획
④ VR, 뷰티, 먹방 등 한 분야에서 유니크한 채널 브랜딩하기

먼저, 정보성·꿀팁류 영상 콘텐츠를 살펴보자. 예를 들어 뉴즈의 경우 틱톡에서 흔히 '꿀팁언니', '꿀팁누나'로 알려져 있다. 평소 뉴즈 채널에서 스마트폰이나 SNS 사용 꿀팁, 주요 트렌드, 혹은 일상 생활에 유용한 꿀팁류를 많이 전하기 때문에 영상 편집 앱,

스타트업 서비스, 교육 서비스뿐 아니라 식품 광고 등 다양한 브랜디드 콘텐츠를 소화할 수 있다.

뉴스와 같은 정보 채널을 운영하기 위해 가장 중요한 것은 '해당 분야를 내가 다루고 전할 만큼 전문 지식이 있는가'다. 정보 채널로 자리 잡기 위해서는 '크리에이터에 대한 신뢰'가 중요한 부분을 차지하는데, 해당 콘텐츠로 팔로워들의 신뢰가 쌓이기 위해서는 그만큼의 지식이 필요하다. 어떤 사안에 대한 자신만의 인사이트를 지니는 것도 좋다.

그러므로 다른 사람들에게 알려줄 수 있는 분야, 취미가 있다면 정보성·꿀팁류 콘텐츠를 기획해보는 것을 추천한다. 유익하고 정확한 정보를 전달하는 콘텐츠를 기획하다 보면 제품의 유용성에 대한 메시지를 전달하고 싶어 하는 브랜디드 콘텐츠의 특성상 팔로워가 어마어마하게 많지 않더라도 광고를 잡을 기회가 생길 가능성이 높다. 자신만의 전문성을 틱톡을 통해 브랜딩할 수 있다는 것도 장점이다.

다음으로는 15초 틱톡 숏폼형 영상 기획에 대해 알아보자. 정보성 콘텐츠를 다루는 뉴스라고 해도 꿀팁류로만 브랜디드 콘텐츠를 만드는 것은 아니다. 15초 숏폼 영상으로 유명한 틱톡 플랫폼 성격에 맞게 예능형 콘텐츠를 기획할 때도 있다. AI 그래픽 합

(좌) 펄스나인과 진행한 브랜디드 콘텐츠 영상. AI 그래픽을 배경에 등장시켜 해당 기업의 성격을 콘텐츠에 직접적으로 녹여냈다.

(우) 지식 콘텐츠 채널의 정체성을 유지하면서 그에 어울리는 방식으로 제품 광고가 가능하다는 것을 보여준 것이 아이스브레이커스 광고였다.

성 스타트업 펄스나인과 함께 진행했던 AI 심쿵 챌린지, 허쉬 아이스브레이커스 광고가 그 예다.

　펄스나인과 진행한 브랜디드 콘텐츠와 허쉬 아이스브레이커스 광고는 틱톡 맞춤형인 숏폼 콘텐츠로 만든 영상이다. 물론 정보성, 꿀팁 영상을 다루는 뉴즈의 채널 성격을 해치는 건 아닐까

라는 의문이 들 수도 있다. 그러나 뉴스는 다양한 확장성을 위해 테크, 미래 트렌드, 진로 등을 다루는 뉴스의 전체 채널 성격과 크게 다르지 않은 선에서 예능형 콘텐츠를 종종 올리는 등 평소에도 간간이 짤막한 예능형 콘텐츠들을 올렸기에 팔로워들에게 크게 낯선 인상을 주지 않는 방법이었다.

채널의 정체성이 확실하더라도 가끔은 새로운 모습들을 보여주는 콘텐츠를 올리는 것도 채널 확장성을 높이는 동시에 브랜디드 콘텐츠 범위를 확장시킬 수 있는 방법이라고 생각한다. 물론 채널 결에 맞는 광고인지가 가장 중요한 광고 선택 기준인 것은 두말할 필요가 없다.

일단, 틱톡 숏폼형 광고 영상을 만들기 위해서는 틱톡의 트렌드에 대해 평소에 꾸준히 모니터링을 해두는 게 좋다. 일부 틱톡 기획자들은 하루에 2시간씩 틱톡 추천 피드를 보면서 트렌드를 파악하고 있다고 한다. 본업이 있는 분들 경우에는 출퇴근 혹은 잠들기 전 하루 30분에서 1시간씩만 추천 피드를 봐도 대략적인 트렌드를 파악할 수 있을 것이다. 너무 바빠서 단 30분도 트렌드 파악에 시간을 쏟을 여유가 없다면 틱톡 배너 페이지가 있는 검색창을 통해 가장 이슈화된 챌린지들을 참고할 수도 있다.

숏폼 콘텐츠의 장점은 굳이 언어가 없어도 이해가 가능하기 때문에 국경을 넘어 다양한 국가의 팔로워가 유입될 수 있다는 점이다. 꾸준히 일관된 콘텐츠를 올려 본인만의 색깔을 잡는다면 정보성 콘텐츠보다 더 빠르게 팔로워를 모을 수 있다. 한편, 숏폼 분야에서는 어느 정도 본인만의 색깔이나 인지도를 얻기 전에는 특정 광고를 받기 힘들 수도 있다는 것은 단점이다.

　채널에 어울리는 브랜디드 콘텐츠를 기획하는 방법 중 세 번째로 살펴볼 것은 상황극·코미디 영상 기획이다. 기존 방송국의 드라마에서 PPL이 많이 활용될 수 있는 것처럼, 틱톡에서도 드라마나 코미디 등 상황극 채널의 광고 선호도가 높은 편이다. 상황극을 통해 집, 회사, 길거리, 미팅, 친구, 가족, 연인 등 다양한 상황 설정이 가능하고 그 안에서 자연스럽게 관련 제품이나 상품을 녹여낼 수 있기 때문에 방법이 무궁무진하다. 채널의 결, 성격을 해치지 않고도 브랜디드 콘텐츠를 만들 수 있다.
　드라마나 코미디 등 상황극 채널을 운영하기 위해서는 '기획력'이 중요하다. 번뜩이는 아이디어도 빼놓을 수 없다. 유튜브나 드라마와 같이 장편 스토리는 아니기 때문에 평소 사람들이 공감할 수 있는 콘텐츠를 잘 알거나 번뜩이는 아이디어가 있다면, 해당 카테고리 콘텐츠를 기획해보는 것을 추천한다. 물론 그 기획력을 소화해낼 수 있는 연기력도 중요한 포인트다. '상황극을 잘 기획하고 소화할 수 있다'라는 조건을 충족한다면 진입 장벽이 특별히

높지 않다. 대신 기획과 연기에 시간과 노력을 어느 정도 투여해야 할 수도 있다.

마지막으로 VR, 뷰티, 먹방 등 한 분야에서 유니크한 채널 브랜딩하는 방법에 대해서 이야기하고자 한다. 뷰티 크리에이터로 떠오르고 있는 18년차 청담동 메이크업 아티스트 '민쌤' 채널을 대표적인 예시로 들어볼 수 있다. 민쌤은 '#Kbeauty'라는 콘텐츠로 화려한 화장과 국내외 유명인들 분장 등을 통해 틱톡에서 빠르게 자리를 잡았으며 본인만의 뷰티 채널 색깔을 만들어가고 있다. 이 채널은 유니크함과 전문성으로 인해 팔로워가 1만 명가량 됐을 무렵부터 고급 뷰티 브랜드 공구 및 라이브커머스 러브콜이 쏟아졌다. 이렇게 한 분야에서 대표 크리에이터가 된다면 해당 분야와 관련한 광고들을 진행할 수 있다. 이 경우, 해당 카테고리에 많은 관심을 가지고 있어야 한다. 그리고 이미 수요가 많은 분야인 만큼 본인만의 색깔을 구축하는 것이 관건이다.

그러나 겁먹을 필요는 없다. 전문가 크리에이터들이 많이 유입되기는 했지만 틱톡은 성장 가능성이 높은 만큼 여전히 블루오션이라고 할 수 있다. '내가 이 부분은 정말 잘 안다. 내 취미는 이거다. 내가 잘할 수 있는 것은 이거다'라고 본인만의 유니크함을 드러낼 수 있는 채널로 자리를 잡은 후 서서히 다양한 콘텐츠들을 올려보며 확장하는 방향으로 나아가는 방법도 권할 만하다.

영상을 올리는 플랫폼인 만큼 스토리텔링이 들어간 브랜디드 콘텐츠는 틱톡커가 협찬 및 광고를 통해 수익을 낼 수 있는 가장 확실한 방법이다. 따라서 내 채널과 브랜디드 콘텐츠를 얼마나 자연스럽게 조화시킬 수 있는지가 수익성을 높이는 핵심 방법이기도 하다.

브랜디드 콘텐츠는 콘텐츠를 업으로 삼고 있는 뉴스에서도 항상 신중하게 고민하고 도전하는 영역이다. 그만큼 만드는 게 쉽지 않은 영역이지만 재미있는 스토리와 기획으로 이용자들로부터 뜨거운 반응을 얻었을 때의 그 짜릿함은 말로 표현할 수 없다!

브랜디드 콘텐츠에 활력을 주는 틱톡 포 비즈니스

틱톡의 비즈니스 사이트인 '틱톡 포 비즈니스(TikTok For Business)'에서 '브랜드 테이크오버', '탑뷰(Top-View)', '인피드(In-Feed)' 옵션을 통해 브랜디드 콘텐츠의 바이럴이 더 많이 이뤄지도록 하는 방법도 있다.

① **브랜드 테이크오버** : 화면 전체 스크린에서 나타나는 '전면' 광고로 앱 실행 시 가장 첫 번째로 보이는 화면이다. 외부 및 내부 랜딩 페이지 링크로 연동도 가능하다.

② **탑뷰** : 브랜드 테이크오버 다음 화면에서 가장 먼저 보이는 광고로 좋아요, 댓글, 공유, 팔로우와 같은 이용자들의 참여도 지원하고 내외부 링크와 페이지 전환을 지원한다.

③ **인피드** : 틱톡 추천 피드에 동영상 콘텐츠가 노출되는 옵션으로 스토리텔링형 비디오 광고 형식을 활용해 이용자들이 비즈니스 계정에 참여할 수 있도록 유도한다. 캠페인 종료 후에도 계정 내 광고 영상 유지가 가능해 추가적인 자연 노출이 가능하다는 장점이 있다.

| 틱톡 포 비즈니스에서 이용 가능한 브랜드 테이크오버, 탑뷰, 인피드 광고 영상 예시.

Point 브랜디드 콘텐츠를
자연스럽게?

콘텐츠

채널 정체성에
맞는 브랜디드
콘텐츠 기획

팔로워
신뢰 유지
& 니즈 자극

팔로워

브랜디드 콘텐츠에 대한 첫 번째 우려는 팔로워들의 반응일 것이다.
아무리 좋은 제품이라 하더라도 팔로워들이 홍보를 목적으로 만든 콘
텐츠에 거부감을 느낄지도 모른다는 우려가 생기는 것이 당연하다.
이럴 때일수록 채널 정체성과 콘셉팅을 고려해야 한다. 정체성에 맞게,
자연스럽게 브랜디드 콘텐츠를 만드는 것 이것이 핵심이다.

숏폼만의 특급 바이럴, 챌린지를 활용하라

비즈니스 유형 ② 챌린지와 바이럴

틱톡 하면 빼놓을 수 없는 것이 '해시태그 챌린지'다. 대표적으로 지코의 '아무 노래 챌린지'를 통해 챌린지라는 단어를 여러 매체에서 접한 적이 있을 것이다. 틱톡의 해시태그 챌린지란 플랫폼 내에서 유행하는 콘텐츠를 만들어 업로드하는 문화로, 특정 노래에 맞춰 춤을 추거나 상황을 연출하는 등 해당 해시태그에 맞는 효과를 사용해 게시글을 올리는 형태다.

챌린지는 누구나 해당 해시태그 트렌드에 맞는 영상을 만들어 트렌드에 참여하고, 나아가 트렌드를 만들어간다는 특징이 있다. '특급 바이럴'이라고 볼 수 있는 것이다. 그리고 틱톡만의 특별한 해시태그 챌린지 문화는 틱톡만의 색다른 광고 상품으로 연결된다. 대표적인 틱톡 챌린지 광고의 예로는 맥도날드 빅맥송 챌린지, 롯데제과 월드콘 테스트, 국제 온라인 멍 때리기 대회 등이 있다.

해시태그 챌린지 광고는 자연스럽게 바이럴로 연결된다는 특징이 있다. 챌린지에서 해당 광고를 진행한 크리에이터들이 광고 영상을 올리면 물 흐르듯 하나의 트렌드가 만들어지고, 이 트렌드에 참여하기 위해 자발적으로 해당 광고 챌린지 영상을 만들어 올리는 이용자들이 많아진다. 대부분 챌린지 광고들의 경우 틱톡과 함께 광고 기업이 기획을 해서 만들어내고 맞춤형 스티커까지도 개발되기 때문에 추천 피드나 배너를 통해 자주 접할 수 있다.

틱톡 해시태그 챌린지 광고는 지난 2020년 6월 틱톡에서 광고 플랫폼 틱톡 포 비즈니스를 발표하며 한층 더 기능이 업데이트되기도 했다. '틱톡 해시태그 챌린지 플러스 캠페인'을 통해 제품 검색 및 인앱 쇼핑 등을 이용하는 사용자가 브랜드 제품을 쉽게 확인하고 구매할 수 있게 된 것이다. 그렇다면 바이럴이 잘되는 광고를 만들기 위해서는 무엇이 중요할까?

틱톡 이용자의 특징 '팬심', 평소에 관리해두자

콘텐츠 자체를 멋지게 기획하는 것도 중요하지만, '내 크리에이터가 하는 광고는 나도 적극 참여하겠다'라는 마음이 들게 하는 것이 좋다. '크리에이터에 대한 충성도', 즉 '팬심'이 중요하다는 뜻이다. 내가 좋아하는 크리에이터가 광고를 받고 함께 참여한 챌린지라면 저절로 따라 하고 싶은 마음이 들 것이다. 그리고 지인들과 공유하는 것은 덤이다.

틱톡의 주요 이용자인 MZ 세대는 좋아하는 아이돌이나 크리에이터들을 자발적으로 영업하고 홍보하는 '팬심'이 매우 크다는 특징을 지니고 있다. 생각해보면 밀레니얼 세대인 나 또한 10대 초중반에 좋아하는 아이돌에 대해 이른바 '덕질'을 열심히 했던 것 같다. 다만 이때의 덕질이 그냥 사진을 보거나 내가 누굴 좋아한다는 것을 지인들과 공유하는 정도였다면, 이제는 많은 사람들이 스마트폰으로 소통을 하고 영상 편집도 쉽게 할 수 있어 이전보다 여러 창구에서, 더 적극적으로 팬심을 표현하는 덕질이 가능해졌다.

그리고 MZ 세대의 특징들을 들여다보면 꼭 유명인에게만 열광하지 않고 마이크로 인플루언서, 다시 말해 '내가 키운 크리에이터'에 더 큰 애정을 표하는 경우를 자주 접하기도 한다. 이들의 특징은 단지 아이돌을 추종하기보단 직접 크리에이터와 소통하면서 크리에이터의 영향력을 함께 키우는 데 같이 노력한다는 점이다. 즉 현재의 콘텐츠 소비자들은 크리에이터의 프로슈머 역할을 하고 있다. 프로슈머란 '제작자이자 시청자'라는 뜻이다. 스스로 제작자이자 크리에이터가 될 수 있는 것이다. 실제로 뉴스 팬들은 뉴스 팬 계정을 따로 만들어서 뉴스 콘텐츠를 기반으로 한 사진, 영상 등 다양한 콘텐츠를 만들어낸다. 그리고 이를 통해 뉴스 관련 파생 콘텐츠들이 저절로 생겨난다.

그렇다면, 이러한 팔로워들의 '팬심'은 어떻게 관리할 수 있을까? 콘텐츠로 소통하는 법, 라이브 방송을 통해 소통하는 법을 대표적으로 꼽을 수 있다. 콘텐츠로 소통하기를 택한다면 팔로워들의 참여 및 대화 창구를 이끌어낼 수 있는 콘텐츠를 제작해야 한다. 콘텐츠 자체를 팔로워들과 소통할 수 있는 주제를 정해 제작하는 것이다. 굳이 특별한 메시지를 담지 않더라도 '좋아하는 음식 써보기', '장래희망 이야기해보기' 등 영상 설명이나 댓글 공지를 통해 이야기들을 끌어낼 수 있다.

그리고 가능하면 팔로워들의 댓글에 직접 답글을 달아주는 것도 팔로워들에게 큰 성취감을 줄 수 있다. 실제로 '좋아요(하트)'를 눌러주거나 답글을 달아줬다는 이유만으로 '팔로우할게요!'라며 팔로우 전환이 되는 경우들을 종종 보기 때문이다. 그만큼 틱톡 이용자들은 소통이 성사됐을 때 큰 성취감을 느낀다.

한편 가장 적극적인 소통 사례라고 할 수 있는 '라이브 방송'도 중요하다. 라이브 방송은 언제나 개시할 수 있기 때문에 팔로워들과 더 자주, 쉽게 소통을 할 수 있는 수단이 된다. 게다가 라이브 방송을 통해서는 실시간 일 대 다 소통이 가능해서, 일일이 댓글을 달아주는 경우보다 훨씬 많은 사람들을 접할 수 있다.

따라 하기 쉬워야 바이럴하기도 쉽다

바이럴을 위해 중요한 요소는 뭘까? 바로 '접근성'이다. 따라 하기 쉬운 콘텐츠를 만들자. 바이럴이 될 수 있는 콘텐츠의 가장 중요한 포인트는 '따라 하기 쉽게' 만드는 것이다. 콘텐츠를 아무리 잘 기획해도, 따라 하거나 참여하는 사람들이 없다면 크게 바이럴되지 않을 것이다. 지코의 '아무 노래 챌린지' 역시 노래가 좋기도 했지만 '나도 따라 해볼 수 있겠다'라는 마음이 드는 콘텐츠였기에 바이럴이 더 활발히 이루어질 수 있었다. 너무 어려운 춤동작이 들어간 노래의 챌린지들은 크게 좋은 성과를 못 낸 사례들이 종종 있다.

뉴스 채널에서 가장 많은 사람들이 참여했던 '아나운서랑 발음 대결하기' 챌린지는 전직 아나운서였던 뉴즈와 함께 발음 대결을 하는 포맷이었다. 해당 영상은 64만 조회 수를 기록했고 참여를 인증한 댓글이 무려 5,000개 가까이 됐다. '성공했다', '실패했다', 아니면 '지인을 태그해서 대결에서 승리할 수 있느냐' 등의 댓글이 달리며 참여와 바이럴이 많이 일어났던 대표적인 사례다.

영상을 보면 '간장공장공장장', '내가그린기린그림' 식의 흔한 발음 대결 문장이 아닌, 나름 새로운 문장에 재밌는 내용으로 구

■ **해시태그 챌린지 기획 프로세스**

| 1단계 |

┌─────────────────────────────┐
│   **브랜드 · 제품에 맞는 콘셉팅**   │
└─────────────────────────────┘

| 2단계 |

┌─────────────────────────────┐
│   **세부 요소 기획**   │
│   # 해시태그 챌린지명 선택   │
│   # 챌린지 방식 선택   │
│ # 챌린지 콘셉트와 맞는 크리에이터 선별 │
│   # 챌린지 가이드라인 설정   │
│   # 챌린지 참여 이용자 대상 보상 준비   │
└─────────────────────────────┘

단계별 check point
☑ 접근성이 낮은가?
☑ 바이럴이 용이한가?
☑ 참가자를 '팬'으로 만들 수 있는가?

| 3단계 |

┌─────────────────────────────┐
│   **틱톡 포 비즈니스 활용**   │
│   # 챌린지에 어울리는 광고 포맷 적용   │
└─────────────────────────────┘

성되어 있는 것을 볼 수 있다. 그리고 '어?! 해볼 만할 것 같은데?' 라는 생각으로 참여를 이끌고 막상 해보면 성공하기 쉽지 않은 문장을 말하게 함으로써 도전 욕구를 불러일으키는 영상이 될 수 있었다. 즉 대표적으로 도전해볼 만한 마음은 들지만 마냥 쉽지 않은, 그래서 대중 참여도가 높았던 사례라고 소개할 수 있다.

이 외에도 바이럴의 형태는 무궁무진하다. 연기 챌린지, 상황극 듀엣, 노래 듀엣 등 다양한 형태의 듀엣 바이럴이 만들어질 뿐 아니라, 시청자에게 말을 건네는 1인칭 영상 또한 바이럴이 일어난다. 실제로 한창 사이버 범죄 등 우울한 사건 사고가 많았을 때, 뉴스 채널에서 화면 밖의 상대방을 위로하는 콘텐츠를 올린 적이 있다. 특별히 바이럴을 의도하지 않고 응원의 메시지를 건네고 싶어 올린 영상인데 많은 사람들이 뉴스와 대화를 하는 형식으로 듀엣을 해서 영상을 올렸다. 해당 메시지를 공유하고 싶은 지인들을 태그하는 식으로 바이럴이 되어 댓글이 600개 이상 달리기도 했다. 해당 반응을 보고, 틱톡을 활용하는 MZ 세대는 정말 참여율이 높고, 적극적으로 소통하고자 하는 니즈가 크다는 것을 몸소 느낄 수 있었다.

팔로워들의 참여를 유도하는 방법으로는 '폴(투표)' 기능도 있다. 최근 사람들의 관심이 많은 사안, 의견이 갈리는 내용 등을 다룬 영상에 투표 기능을 넣으면 스와이프로 휙휙 영상들을 내리다가도 본인의 생각을 표현하고 싶어 하는 MZ 세대의 특징 때문인지 투표 참여가 활발하게 일어나는 것을 확인할 수 있었다.

일례로 뉴스에서 마스크 착용 의무화 소식을 전하며 관련 찬반 투표를 실시했을 때 투표에 참여한 참여자가 7만 명을 넘어서기도 했다. 그리고 투표를 하면 각 의견별 비율을 확인할 수 있기 때문에, 투표를 한 이용자들이 결과를 보고 해당 결과에 대한 의견을 댓글에 남기면서 더 확장된 형태로 참여가 이어지기도 한다.

Point

팔로워는 무엇에
반응하는가?

아무리 많이 노출되더라도 팔로워의 반응을 끌어내지 못한다면 소용없을 것이다. 팔로워들이 콘텐츠에 반응하는 순간 바이럴이 시작될 수 있다. 이는 팔로워들의 필요와 관심을 즉각적으로 자극할 수 있어야 가능하다.

뉴스에서 마스크 착용 의무화 소식을 전하며 관련 정보를 전달했을 때도 당시 팔로워들의 관심사와 니즈가 일치했기 때문에 큰 호응을 얻을 수 있었다.

속도감 높은 실시간 홍보의 강점을 살려라

· ·

비즈니스 유형 ③ 라이브커머스(1)

"틱톡에도 라이브 기능이 있다는 사실, 알고 있나요?"

이런 질문을 하면 틱톡이 짧은 영상 위주라고 알고 있는 사람들은 틱톡에서 라이브 방송을 할 수 있다는 걸 알고 놀라곤 한다. 그리고 숏폼 콘텐츠를 상하로 넘기면서 빠르게 소비하는 틱톡 플랫폼에 라이브가 어울리는지 의아해한다.

틱톡 라이브는 숏폼 콘텐츠와 마찬가지로 '실시간성'의 관점에서 바라봐야 한다. 라이브 방송 길이가 아니라 실시간으로 소통할 수 있는 스피드가 핵심이라는 것이다. 그렇기 때문에 라이브 방송은 틱톡에도 잘 어울리는 포맷으로 자리 잡고 있다.

본래 시범적으로 시행됐던 라이브 방송은 이제 팔로워 약 1,000명 이상을 모을 경우 누구든 권한을 얻을 수 있다. 동영상 촬영 버튼을 누르면 하단 메뉴에 '라이브'가 있다. 이걸 클릭하면 라이브 방송이 시작되면서 팔로워들에게 초대 메시지가 간다. 팔로잉 및 추천 피드에선 내 채널 프로필 사진에 라이브 방송 표시가 뜬다. 인스타 라이브와 유사하다.

라이브 방송을 기획하기 전에는 몇 가지 요소를 미리 짚고 넘어가야 한다. 어느 시간대, 어떤 공간에서 몇 명이 출연하는 라이브 스트리밍을 왜 진행하는지에 관한 것이다. 특히 '왜 방송을 하느냐'가 중요하다. 라이브 방송의 목적이 무엇이냐에 따라 방송 시간대, 공간, 출연자, 진행 방식 모두 달라질 수 있기 때문이다.

타깃의 참여도를 최대로 끌어올리는 노하우

뉴스의 라이브 방송 중 하나를 예로 들어보자. 시청자들과 소통을 하면서 구독자의 관여도를 높이고 신규 팔로워가 유입되는 라이브 방송을 진행하는데, 일부러 프라임 타임(저녁 7~9시)에 라이브를 켜거나 아예 야식을 먹으며 라이브 댓글을 읽는 소통 방송 콘셉트를 고려해볼 수 있다.

똑같이 격식 없는 라이브 방송을 하더라도 채널 성격을 좀 더 살리거나 개인 브랜딩에 초점을 맞춰 아이템을 준비할 수 있다. 뉴즈는 댓글에서 요청이 온 뉴스 내용을 아예 라이브에서 편하게 이야기하는 시간을 갖기도 했다. 대학 입시에 대해 이야기하는 라이브에서는 대학 졸업 앨범이나 사진 등을 준비해서 자연스럽게 주제를 풀어나갔다.

반면 라이브 방송의 목적이 정보를 전달하는 것이라면? 캐릭터 설정에 따라서 편하게 집에서, 내 방 침대에 앉아서 라이브를 할 수도 있지만, 아무래도 좀 더 깔끔한 배경을 갖춘 장소에서 마이크를 제대로 준비해서 방송에 임하는 것이 낫다. 기후변화 전문가, 상담 선생님 등 다양한 분야의 분들을 라이브 게스트로 초대했을 때 그렇게 진행했다. 현장을 실시간으로 보여주는 게 방송의 핵심일 때에는 준비사항도 달라진다. 뉴즈가 한 달 가까이 준비했던 군산 유기동물 보호센터 라이브의 경우 유기동물 문제를 널리 알리되 정보 전달보다 현장감을 살리는 게 목적이었다. 그래서 뉴즈 채널 이미지와 트렌드 아이템으로 적절했다. 목적과 이유에 맞는 방송을 위해 보호센터와 여러 차례 사전 조율을 거쳤다.

'현장에 방문해야 한다, 센터 내부를 최대한 노출하자, 센터 관계자의 목소리도 담자!' 이러한 계획을 세웠다. 센터와 방송 시간을 맞추고, 돌아다니면서 라이브를 한다는 점을 고려해서 와이파이 기기도 따로 구비해야 했다. 라이브 방송의 목적에 따라 방송

| 틱톡커 세아쌤(@seahssam)과 함께한 군산 유기동물 보호센터 라이브. 현장을 소개하는 데 초점을 맞춰 팔로워들과 소통했다.

을 위해 준비한 소재를 풀어내는 방식, 화면 구도, 미리 준비해야 하는 장비 및 고려사항도 모두 달라지는 걸 알 수 있었다.

라이브 방송을 왜 하는지, 그 이유에 부합하기 위해 어떤 시간과 공간에서 어떤 연출을 할지 정했다면 이후에는 일반적인 사항을 체크해야 한다. 한국 시간으로 저녁, 월요일이나 화요일 밤보다는 목요일이나 주말에 콘텐츠 소비량이 더 크다. 모바일 플랫폼에서도 자기 전, 학교 끝나는 시간 등 시청자가 몰리는 시간대가 따로 있다.

모바일 플랫폼 특성상 아예 출근 시간, 혹은 점심시간을 노려서 콘텐츠를 노출할 수도 있다. 손에 들고 다니면서 라이브 방송을 볼 수 있기 때문이다. 결국 내 틱톡 채널 팔로워 혹은 시청자가 어떤 시간대에 내 콘텐츠를 어떤 목적으로 소비하는지, 그 생활 패턴에서 내 콘텐츠가 선점한 위치를 파악해서 콘텐츠 스케줄을 잡을 수 있다.

예를 들어 내가 모으고자 하는 시청자, 혹은 구독자들이 주로 학생이라면 '학생들이 가장 여유로운 시간인 방과 후'를 중점 시간으로 생각해볼 수 있다. 방송을 짧게는 15분에서 30분, 길게는 60분 이상 진행하다 보니 아무래도 시청자가 부담 없이 방송을 보면서 댓글로도 참여할 수 있는 시간대여야 한다. 현장에 방문하는 라이브의 경우 시간 조율이 쉽지 않지만, 대체로 특정 시간대를 노려 방송을 편성할 수 있다.

라이브 장소는 방송 목적에 가장 어울리는 분위기를 어떻게 연출하는지에 따라 달라진다. 예컨대 포멀한 라디오 부스 혹은 스튜디오에서 라이브를 진행하는 경우에는 화면이 깔끔하기 때문에 훨씬 눈에 확 들어오는 라이브 진행이 가능하다. 전문적으로 보일 수 있어 정보를 전달하는 라이브 방송에 신뢰감을 더한다. 특히 외부 게스트가 있을 때 적당한 포맷이다. 그러나 기존 방송국 프로그램과 비슷하다는 인상 평가를 받을 수도 있다. 마치 'e학습터 강의'처럼 느껴질 수 있다는 의미다. 틱톡 이용자의 상당수가 코로나19로 인해 온라인 강의를 많이 듣는 세대여서 어쩌면 학습 강의와 비슷한 분위기를 더더욱 지양할 수 있다. 다소 딱딱하고 일방적인 소통이 이어진다면 '지루하다', '학교 같다'라고 느껴서 이탈할 가능성도 있다.

앞서 언급한 바와 같이 틱톡 라이브 방송의 핵심은 '실시간성'에 있다. 빠르고 짧게 소통이 이뤄지지 않으면 시청자 입장에선 긴 영상을 듣고만 있어야 하는 셈이다. 포멀한 분위기를 연출하더라도 댓글을 최대한 자주 읽거나 소위 '이름 부르기 타임'을 진행해서 방송 참여도를 높일 수 있다. 방송 목적, 스케줄, 분위기 등이 정해졌다면 방송의 맛을 살리는 구성을 잡아야 한다.

소품과 큐시트 100% 활용법

소품은 라이브 방송 흐름에 변칙을 더해주는 재밌는 요소다. 백문이 불여일견. 말로 줄줄 설명하기보단 방송 콘셉트와 포맷에 맞춰 준비된 소품을 활용했을 때 실시간으로 더 열렬한 반응을 얻을 수 있다. 뉴즈에서 두 번째 라이브 방송으로 준비했던 '다양한 대학 출신 언니들과의 학업진로 상담 라이브'의 경우 출연진들이 본인 출신 대학을 증명할 과거 자료들을 준비해서 촬영 현장에 가져오는 게 중요했다. 학생 때 쓰던 다이어리부터 고등학교 성적표, 대학 야구점퍼 등의 소품을 실시간으로 라이브에서 인증했다. 결과적으론 방송에 재미와 신뢰를 더하는 장치가 됐다.

예능처럼 실시간으로 게임을 하거나 제품을 리뷰하려 한다면 좀 더 많은 소품을 사전에 준비해야 한다. SBA서울산업진흥원과 함께 라이브로 7~8개 제품을 60분간 리뷰하는 방송을 준비했을 때에는 미리 현장에 와서 각 소품이 제대로 동작하는지 점검했다. 출연진이 모두 화면에 잘 나오면서 제품도 보여줄 수 있는 구도를 잡기 위해 미리 카메라 세팅도 이리저리 테스트하고 바꿔야 했다.

이날 리뷰 방송은 단지 홈쇼핑처럼 제품을 홍보하는 데 그치지 않고 '시간 제한'이라는 변수를 뒀다. 일정 시간이 지나면 무조건 다음 제품 리뷰로 넘어가는 게임 규칙을 마련한 것이다. 실시간으로 시청자 댓글에 맞춰 제품을 시연하고 설명하다가 '아, 아쉽게도 시간이 다 됐다'라며 다음 제품으로 넘어가는 식이었다. 별것 아닌 것 같지만 참여도, 집중도를 높이는 데 효과적인 장치였다.

큐시트를 미리 준비해두는 것도 중요하다. 큐시트란 방송 프로그램 전체 내용을 담은 진행 대본으로 진행자들이 이걸 들고 방송 진행 방향을 숙지하며 라이브를 진행한다. 방송의 전체 주제부터 전체 틀은 물론이고, 만약 게스트가 있다면 게스트에게 건넬 질문도 큐시트 안에 담겨 있다. 꼭 라이브 방송의 A부터 Z까지 다 계획해서 큐시트에 적을 필요는 없지만 방송의 목적을 상기하고, 꼭 거쳐야 하는 대화 주제와 전체 흐름을 놓치지 않는 데 큐시트가 도움이 된다. 게임 순서를 까먹지 않기 위해서, 혹은 게스트에게 꼭 물어봐야 할 핵심 질문이나 퀴즈 문제를 포함시킨 커닝페이퍼로도 큐시트를 써먹을 수 있다.

라이브 방송이 브랜디드 콘텐츠일 때에는 신경 쓸 것이 좀 더 많아진다. 특히 뉴스는 정부기관 및 기업을 MZ 세대의 놀이터 틱톡에서 인터뷰로 전하는 몇 안 되는 틱톡커 중 하나다. 관련 브랜디드 콘텐츠를 라이브 방송으로 진행할 때는 평소처럼 댓글만 읽을 수도 없다. 인터뷰이의 이야기도 충분히 전달하는 게 외부 게스트를 라이브에 초대하는 것의 목적이기 때문이다.

Point 라이브커머스,
핵심은 무엇인가?

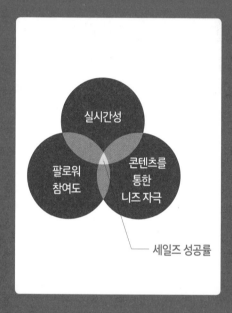

실시간성

팔로워
참여도

콘텐츠를
통한
니즈 자극

세일즈 성공률

틱톡에서 라이브 방송을 하는 이용자는 빠르게 늘고 있다. 매력적인 콘텐츠 사이에서 라이브를 커머스로 연계하고, 세일즈 성공률까지 높이기 위해서는 라이브의 강점을 제대로 활용해야 한다. 실시간 상호작용, 팔로워 참여 유도, 시청자 니즈에 부합하는 콘텐츠 기획이 라이브 흥행의 성공 지표라 할 수 있다.

수익으로 연결되는 소통의 노하우
....
비즈니스 유형 ③ 라이브커머스(2)

라이브 스트리밍이라는 실시간 방송의 장점을 극대화하기 위해서는 단순히 빠르게 치고 나가는 순발력 이상의 것이 필요하다. 짧은 시간 동안 이뤄지는 라이브커머스에서 핵심 정보에 더해, 적절한 보상까지 얻고 싶어 하는 틱톡 이용자들의 성향을 고려하면 라이브 스트리밍을 전체적으로 어떻게 기획할 것인지가 관건이다.

뉴즈에서 라이브 스트리밍을 통해 발견한 몇 가지 노하우에 대해 알아보며 과연 어떻게 틱톡이 수익을 끌어낼 수 있는가를 살펴보자.

라이브 스트리밍에서 진행자의 역할

라이브를 통해 게스트의 콘텐츠를 최대한 활용할 수 있어야 한다. 그리고 게스트는 본인을 알리는 전략이 필요하다. 라이브 포맷에 변화를 꾀할 수도 있다. 뉴즈에서 스타트업 운영책임자를 인터뷰 게스트로 모신 적이 있는데 인공지능, 구글 출신, 그래서 문과생이 들려주는 구글과 인공지능 이야기가 그날 라이브의 주제였다. 분위기를 풀고 소통의 포문을 열어야 했다. 그래서 이렇게 라이브를 시작했다.

"안녕하세요! 오늘도 뉴즈에서 특별한 라이브 게스트를 모셨는데요. 이 분이 어떤 사람일까요? 어떤 일을 할 것 같아요? 맞혀보세요! 힌트는 여러분이 다 아는 회사 출신, 유튜브를 운영하는 외국 회사에 다녔던 분이라는 겁니다!"

먼저 질문을 던지면 라이브 댓글로 반응이 온다. '회사원이다, 아이돌 연습생 같다, 뉴즈 언니 남친일 것이다, 누군진 몰라도 잘생겼어요' 등등. 이 댓글을 읽으면서 자연스럽게 인터뷰 게스트를 소개한다. '저는 구글 출신의 누구다'라고 말문을 열었다면 심심했을 수도 있지만, 이렇게 시청자가 참여할 틈을 마련하면 똑같이 게스트를 소개하더라도 시청자가 더 적극적으로 반응할 수 있다. 혹은 이런 방법도 있다.

"여러분, 오늘도 뉴스 라이브에 새로운 손님이 왔어요. 유튜브…… 다들 들어보셨나요? 구글 아는 사람 손! 오늘 게스트는 바로 이 구글에서 일했던 분입니다!"

게스트에 관한 정보를 선공개하되 이 정보에 대해 실제로 아는지 바로 물어본다. 이 또한 시청자가 라이브 방송에 참여하며 자연스럽게 게스트가 원하는 정보 전달이 이뤄지는 방식이다.

특히 라이브 스트리밍을 이끄는 크리에이터는 게스트와 시청자를 이어주는 역할을 해야 한다. 마치 인터뷰 게스트와 내 채널에 온 시청자의 소개팅을 주선해주는 것과 같다. 실제로 처음 보는 두 사람을 소개하고 연결하는 시간이라고 생각해, 주선자로서 시청자와 게스트가 피차 어색함을 덜고 흥미를 느낄 수 있도록 '아이스브레이킹'을 해줘야 한다.

이때 주선자가 양쪽을 연결하는 좋은 장치 중 하나는 '공통점'을 찾는 것이다. 예컨대 회사 브랜드를 MZ 세대에게 알리기 위해 인터뷰에 참여한 게스트가 있다고 가정하자. 이렇게 라이브를 시작할 수 있다.

"안녕하세요! 뉴스 라이브, 오늘은 ○○○ 님과 함께합니다. 이분이 일하는 회사가 정말 유명한 브랜드라는데, 어딜까요? 한번 맞혀보세요!"

이왕이면 게스트가 라이브를 통해 노출하고자 하는 내용을 콕

집어서 대화를 시작하고, 이 대화에서 공통점을 찾아내서 대화가 이어질 수 있도록 길라잡이 역할을 할 수 있다. 라이브 방송이 늘 그러하듯이 예상한 방향대로만 흘러가진 않겠지만, 방송 목적을 상기하면서 양측의 대화가 브랜디드 콘텐츠에 부합하도록 키를 잡고 항해를 이어가야 한다.

(좌) 라이브 스트리밍에서 진행자는 팔로워들과의 소통을 원활하게 하는 역할을 한다.
(우) 즉흥적인 퀴즈쇼를 활용하면 라이브에 재미를 더할 수 있다.

게스트가 부담 없이 댓글과 소통할 수 있도록 대신 댓글을 읽고 답을 유도하는 방법도 진행자로서 참고해볼 만하다. 점점 시청자가 늘어나면 댓글 읽기도 쉽지 않은 작업이 된다. 뉴스 라이브 게스트들도 공통적으로 '정신이 없다'라고 말할 정도다. 소개팅에 온 두 사람 중 한쪽이 이야기를 많이 하는 스타일이라 다른 한쪽이 헤매는 상황과 비슷하다.

이럴 때 주선자는 흩어지는 여러 말 중 하나를 골라서 테이블의 화두로 가져온다. 'A가 요즘 이러이러한 일을 한다는데, B는 요즘 어떻게 지내요?' 이렇게 대화 주제를 한두 가지로 좁혀주면 라이브 게스트 입장에선 그 주제에 대해 운을 떼면 된다. 시청자는 댓글에 반응한 것으로 인식하게 되면서 양쪽의 커뮤니케이션이 원활해진다.

게스트에게 미리 '레이턴시'(지연)를 설명해두는 것도 실전 팁 중 하나다. 틱톡 라이브 방송을 하거나 시청하다 보면 사람마다 제각각 방송 송수신 타이밍이 다르다는 걸 알 수 있다. PC가 아닌 모바일 기기로 여러 장소를 오가며 방송을 하니 통신 상태에 따라 현장의 말소리가 한 템포 늦게 도착하는 편이다. 서로 보조를 맞출 수 있도록 이러한 디테일도 챙겨야 한다.

제품의 매력을 키우는 연출과 기획

게스트뿐 아니라 특정 제품이나 서비스를 노출해야 할 때는 어떨까. 어떤 걸 라이브로 홍보하느냐에 따라 포맷은 천차만별이다. 출연진과의 대화뿐 아니라 더 다양한 화면 구성을 보여주거나 홍보에 관련된 내용에 시청자가 적극적으로 반응할 수 있는 형태로 방송 구성을 잡아야 한다.

가로 화면으로 라이브를 진행했던 사례부터 이야기해보자. 틱톡에서 라이브 방송을 세로 화면이 아닌 가로 화면으로도 진행할 수 있다. OBS라는 방송 프로그램을 활용해 가로 화면 캠에서 라이브 방송을 틱톡으로 송출하는 것이다. OBS로 방송 화면에 자막을 띄워두거나 다른 화면을 겹쳐놓음으로써 여러 화면을 라이브로 보여줄 수 있다.

신인 가상 아이돌 뮤직비디오 리액션을 라이브 방송으로 진행하면서 OBS를 사용한 적이 있다. 마치 게임 방송을 할 때 게임 화면을 전체 창에 띄우고 스트리머가 출연한 화면을 작게 배치하는 것처럼 뉴즈가 출연한 화면은 전체 가로창에 보이고 아이돌 뮤직비디오 화면을 화면 속 화면으로 작게 삽입했다. 시청자가 함께 뮤비를 보면서 리액션을 하는 방송이었다.

게임 어플을 홍보할 때도 OBS를 활용할 수 있다. 유료 게임 앱

'언더월드 오피스 : 유령사무소'를 알리는 홍보 라이브 방송에선 제작사 대표가 인터뷰 게스트로 참여했을 뿐 아니라 게임 트레일러, 게임 이미지컷 등 다양한 홍보 이미지를 라이브 화면으로 배치했다. 인터뷰 방송 자료화면을 작게 삽입해둔 채 방송을 이어가거나 아예 시청자에게 큰 화면으로 제공하기도 했다.

홍보하려는 제품이나 서비스를 퀴즈쇼에 활용하는 것도 좋은 방법이다. 미술품을 가상 자산 형태로 거래하는 앱 '테사'를 라이브 방송으로 알릴 때 테사 담당자와 뉴즈가 테사 앱, 회사 이름, 관련 기술 명칭, 앱에서 거래되는 미술품에 관한 퀴즈를 미리 구성했다. 퀴즈 정답을 맞힌 사람에게는 테사 측에서 준비한 굿즈를 선물하는 것으로 사전에 조율했다.

앞서 소개했던 SBA산업진흥원 라이브 때도 퀴즈를 활용했다. 긴박하게 주어진 시간 안에 제품을 직접 써보되 시청자가 제품 설명과 리뷰 현장을 쭉 보다가 이와 관련된 퀴즈가 나오면 댓글로 정답을 맞히는 포맷을 채택했다. 시청자가 얼마든지 제품 리뷰를 숙지하고 라이브에 참여할 여지가 있다는 점을 차별화 포인트로 잡았다.

여러 사람을 한꺼번에 인터뷰할 때도 마치 게임처럼 시청자가 참여할 여지를 뒀다. 스타트업 대표들을 소개하는 SBA산업진흥원 라이브 방송 때에는 큰 스케치북에 4개의 선택지를 적어서 라이브 화면에 보여줬다. 그리고 "오늘 누구 먼저 인터뷰할까요? 댓글로 골라주세요!"라고 물어봤다. 그때 키워드는 가상현실, e학습터 등 서로 완전히 다른 것이었다.

이렇게 시청자에게 선택지를 주자 누구의 이야기부터 듣고 싶다고 댓글이 달리기 시작했다. 이에 맞춰 라이브 순서를 진행하면 됐다. (상품이 걸린 것은 아니었지만) 각 인터뷰이에 관한 소소한 기습 퀴즈를 내서 주의를 환기하기도 했다. 덕분에 60분간 4명의 인터뷰이를 모시고 시청률을 최대한 유지하면서 무사히 라이브 방송을 마칠 수 있었다.

수익과 소통 모두를 잡기 위하여

틱톡 라이브에서는 직접 후원금을 주거나 제품을 살 수도 있다. 유튜브 슈퍼챗이나 트위치 도네이션, 아프리카TV의 별풍선처럼 틱톡에서도 라이브 방송을 보던 시청자가 유료 스티커를 크리에이터에게 보낼 수 있다. 이 후원금은 플랫폼과 크리에이터가 나눠 갖는다. 크리에이터는 '다이아'라는 형태로 후원금을 모아 향후 돈으로 인출할 수 있다.

제품을 판매하는 라이브커머스 기능은 해외에 먼저 도입됐다. 국내에선 샤오미 제품이나 화장품을 판매하는 틱톡 라이브 방송

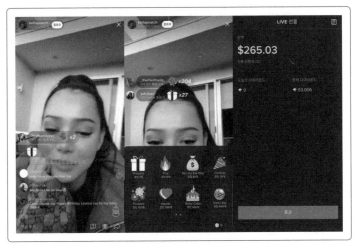

| 틱톡에서 볼 수 있는 수익 기능인 기프트와 다이아. 벨라 포치(Bella Porch) 등 많은 인플루언서들이 수익 기능을 활용한다.

이 시범적으로 이뤄진 적이 있다. 현대백화점 화장품 매장에서 유명 틱톡커들이 모여 직접 화장품을 써보고 리뷰하는 식이었다. 방송 화면에는 제품 구매 페이지로 넘어갈 수 있는 버튼이 있고, 이 버튼을 누르면 바로 제품을 사서 배송받을 수 있다.

더우인에선 라이브커머스가 주요 수입원으로 여겨진다. 여러 채널에서 한꺼번에 제품을 파는 라이브 방송을 진행해서 하루 만에 수억 원을 번다는 보도가 나올 정도다. 즉 틱톡 라이브도 점차 혼자 하는 방송을 넘어 틱톡커끼리, 혹은 여러 사람이 함께 방송 콘텐츠를 만드는 형태로 진화하고 있는 것이다. 라이브 포맷도 마치 TV 방송처럼 고도화할 수 있고, 시청자 참여를 통해 TV에서 볼 수 없는 콘텐츠를 시도해볼 수 있다.

틱톡 라이브는 크리에이터가 시청자와 빠르게 소통하기 용이하고, 라이브에 참여하는 시청자와 '우리만의 비밀'을 만들 수도 있다. 댓글을 통해 궁금한 점에 바로 답변하는 것도 가능하다. 이런 실시간성은 숏폼 콘텐츠와는 또 다른 '숏폼'으로서 라이브 방송의 가능성을 잘 보여준다.

Point

라이브커머스,
어떻게 연출할 것인가?

OBS 프로그램을 활용, 홍보 게임의 트레일러와 제작자 인터뷰 등을 소개하는 화면을 별도로 배치했다.

댓글창의 가독성을 높여 실시간으로 질의응답을 진행했다.

제품의 매력을 보여주지 못하는 라이브는 오히려 팔로워의 신뢰를 잃을 뿐이다. 제품을 어떻게 보여주어야 팔로워의 호기심을 얻을 수 있을지를 고려한 기획과 연출이 필요하다.

뉴즈에서 게임 앱 '언더월드 오피스'를 라이브로 홍보했을 때에는 게임 다운로드 횟수, 곧 즉각적인 수익을 올리기 위해 게임 자료 화면이나 트레일러를 잘 노출하고자 기존의 세로 비율에서 벗어나 가로 비율 화면을 활용했다. 이처럼 제품의 이점을 다양하게 보여줄 수 있는 연출을 사전에 구상해야 한다.

2부

How TikTok?

틱톡 크리에이터들이 알려주는
퍼스널 브랜딩 성공 노하우

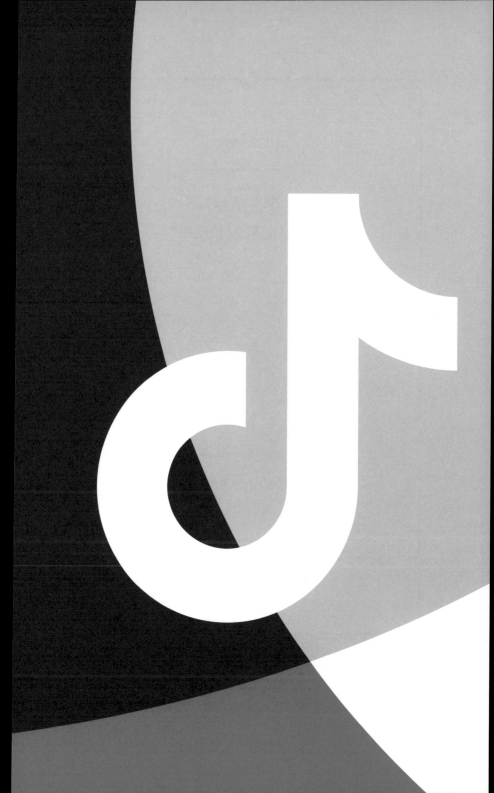

Preview

"숏폼으로 보는
이들의 뇌를 유혹하라"

뇌과학자 장동선

@curiousbrainlab

#미래콘텐츠와브랜딩 #숏폼의가능성

뇌과학자가 틱톡을 시작한 이유

· ·

미래를 바라볼 것인가, 과거를 바라볼 것인가. 미래를 바라보고 싶다면 나보다 어리고 젊은, 그 미래를 몸소 살아가게 될 세대와 친하게 지내며 소통해야 한다. 과거를 바라보고 싶다면 나보다 세상을 오래 살았고 그 과거를 몸소 경험한 분들의 말씀을 귀담아들어야 한다.

나는 늘 과거보다는 미래에 관심이 많았고, 지금도 그렇다. 미래를 보다 빨리 경험하기 위해 나는 현재를 기준으로 젊은 세대들 사이에서 가장 핫하고 폭풍 성장하고 있는 앱과 플랫폼을 찾게 되었고, 그게 바로 틱톡이었다.

늘 궁금해진다. '대체 왜 핫한데?' 이런 궁금증은 직접 경험해 보아야 풀린다. 그냥 보기만 하는 것보다는 실제로 영상을 만들어 올려보고, 틱톡 라이브에도 참가해보고, 챌린지도 따라 해봐야 제대로 경험이 된다. 이렇게 나는 틱톡을 시작하게 되었다.

2019년 2월에 전 세계에서 틱톡 앱을 매달 적극적으로 사용하는 사람들의 숫자는 6억 8,000만 명이나 됐고, 안드로이드와 애플 앱스토어에서는 틱톡 앱의 다운로드 숫자가 전 세계 10억 명을 돌파했다. 그로부터 약 1년 후, 2020년 4월에는 20억 명을 돌파했고, 유튜브나 인스타그램, 페이스북보다 높은 다운로드 수를 기록했다. 뿐만 아니라 전 세계에 들이닥친 코로나 팬데믹 속에서 사람들의 틱톡 이용률은 2020년 1분기에만 58% 이상 증가했다.[5]

틱톡은 세계 곳곳에서 인기가 많다. 2019년에만 150개가 넘는 국가에서 틱톡을 이용하고, 이용되는 언어만 헤아려도 75개가 넘는다고 한다. 중국과 아시아에서 인기가 지속되는 것은 물론이고, 미국과 유럽, 남미에서도 큰 인기를 누리고 있다. 2020년 9월 1개월 동안 브라질과 멕시코에서 각각 300만 명 이상, 미국과 러시아에서 각각 200만 명 이상이 틱톡 앱을 다운로드했다.[6]

인스타그램이나 페이스북과 같은 SNS와 더불어 틱톡은 사람들이 거의 매일 주기적으로 이용하는 앱 중 하나다. 10명 중 9명은 하루에 한 번 이상 틱톡 앱을 열어보고, 평균적으로 하루에 89

분 이상 이 앱을 사용한다. 2019년 기준으로 하루 평균 52분 앱을 사용하던 이용자들이 2020년 기준으로 하루 평균 89분 앱을 사용한다는 사실은 틱톡의 높은 중독성을 보여준다.[7]

이러한 틱톡의 빠른 성장세와 인기의 비결은 대체 무엇일까? 단순히 '재미있어서', 혹은 '쉬워서'라는 식의 설명만으로는 모자라다. 사람들이 틱톡에 빠져드는 이유는 좀 더 복합적으로, 보다 깊이 들여다봐야 할 필요가 있다. 나 역시 틱톡이라는 콘텐츠에 관심을 갖게 되면서, 우선 틱톡과 함께하는 커다란 트렌드 몇 가지에 주목할 필요를 느꼈다.

트렌드 1 | 숏폼 콘텐츠가 뜨고 있다

콘텐츠를 롱폼(long-form)과 숏폼(short-form)으로 구분할 때 텍스트나 영상의 길이를 나누는 여러 기준이 있지만, 대략 15초 내외의 비디오 영상이 주를 이루고 대부분의 영상이 1분을 넘기지 않는 틱톡은 대표적인 숏폼 영상 콘텐츠 플랫폼이다. 틱톡이 처음 나왔을 때는 과연 15초~1분 길이의 영상에 어떤 내용을 담을 수 있을까 의문이 많았지만 이제는 오히려 인스타그램 릴스(reels)나 바인(vine)처럼 다른 영상 플랫폼들이 너도나도 숏폼의 세계에 뛰어들고 있다. 그러므로 숏폼 영상들이 이미 주류가 되고 있다고도

할 수 있다. 이렇게 숏폼 영상들이 뜨고 있는 이유는 무엇일까?

스마트폰의 이동성

과거 TV나 스크린 앞에서 영상을 보아야 하던 시기에는 롱폼이 대세였다면, 이제는 스마트폰의 보급 효과와 휴대성으로 인해 많은 사람들이 이동 중에도 간편하게 영상을 시청한다. 그래서 짧게 끊어서 볼 수 있는 영상들이 훨씬 시청에 유리하다. 틱톡은 추천 페이지라고 불리는 메인 화면에서 스와이프, 즉 휙 옆으로 넘기는 동작 하나로 다양한 종류의 영상을 시청할 수 있게 했다. 스마트폰의 이동성에 최적화되어 있는 셈이다.

바이럴 영상

짧은 숏폼 영상이 긴 롱폼 영상보다 공유가 수월하고, 실제로도 짧은 비디오 영상이 텍스트나 사진에 비해서도 바이럴되어 퍼지는 예가 훨씬 많다고 한다. 즉, 숏폼 영상이 바이럴에 가장 유리하다. 이것을 알아차린 기업이나 마케팅 분야에서도 몇 년 사이에 광고 영상의 길이가 평균적으로 몇 분 이상 짧아졌다고 한다.

개인의 취향을 저격하는 플랫폼

이용자가 어떠한 취향을 가지고 있으며 무슨 종류의 영상을 즐겨서 보는가 하는 것은 모든 영상 플랫폼들의 관심사다. '취저(취향 저격)'를 잘해야 이용자들이 더 긴 시간을 그 플랫폼에서 보내게 되고, 이는 바로 광고 수입과도 직결된다.

이 점에서 틱톡은 이용자의 취향을 제대로 파악하기 가장 수월한 플랫폼 중 하나다. 일반적으로 15~30분이라는 시간 동안, 유튜브를 비롯해 다른 롱폼 영상 플랫폼에서는 이용자들이 주로 10개 미만의 영상을 시청하지만, 틱톡에서는 이용자가 수십 개, 그리고 100개도 넘는 영상을 시청하거나 스크롤할 수 있다. 따라서 그만큼 빠르게, 더 많이 이용자의 취향을 파악할 수 있다.

좋다. 이제 숏폼 영상 콘텐츠가 대세인 건 이해가 간다. 그래도 궁금한 건 틱톡이 이러한 숏폼 영상들로 어떻게 사람들의 마음을 사로잡았을까 하는 것이다.

틱톡 앱의 UX(사용자 경험) 전문가와 인터랙션 디자이너 중에는 인간의 뇌가 작동하는 방식을 공부해서 알고 있는 연구자들이 숨어 있는 것이 분명하다. 틱톡 앱에는 마치 사람들의 뇌가 유혹당하고 중독되는 메커니즘을 분명히 알고 디자인한 것처럼 보이는 포인트들이 많기 때문이다. 어떠한 포인트들인지 한번 짚어보겠다.

능동적 참여를 유도한다(active engagement)

뇌는 능동(active) 모드와 수동(passive) 모드 사이에서 구분하는 것을 중요하게 여긴다. 즉, 스스로 행동할 때와 수동적으로 관찰하며 보고 들을 때 기억하고 받아들이고 학습하고 느끼는 정도가 다르다. 능동적으로 참여할 수 있는 대상은 기억에도 더 잘 남으며, 그 대상에 대한 충성도도 올라간다. 내가 직접 산 물건은 그저 광고로 본 물건보다 훨씬 더 잘 기억이 난다. 뿐만 아니라 나의 물건은 더 소중하게 여기게 된다.

틱톡 플랫폼에서는 댓글, 이어찍기, 라이브 합방, 영상 공유 등 다양한 형태로 이용자들의 능동적인 참여를 유도하고 있다. 실제로 틱톡은 영상을 보는 사람들의 숫자와 영상을 올리는 사람들의 숫자가 얼추 비슷한 플랫폼이다. 한 통계에 따르면 모든 틱톡 이용자의 68%가 다른 사람의 영상을 보기 위해 앱을 이용하고, 전체의 55%가 자기 자신의 영상을 업로드하기 위해 앱을 이용한다고 답했다. (둘 다 한다고 답한 사람들도 많다.) 이 통계만 보더라도 틱톡은 능동적 참여율이 매우 높다는 것을 알 수 있다.[8]

쌍방향적 인터랙션을 일으킨다(bidirectional/mutual interaction)

인간의 뇌는 소통과 교류를 가장 중요하게 생각한다. 그리고 쌍방향적, 실시간 소통과 교류의 가능성이 열려 있을 때 학습 능력과 공감 능력 등이 모두 향상된다. 또한 다른 사람들로부터 직접적인 피드백이 왔을 때, 뇌의 보상 회로에서 보상 호르몬인 도파민이 분비되어 기쁨과 즐거움을 느끼게 되어 있다.

틱톡은 다른 사람들과 만나고 교류하기 최적화되어 있는 앱 중 하나다. '이어찍기'와 같은 기능도 있고 바로 영상으로 회신할 수 있는 기능도 있다. 그래서 유튜브처럼 영상의 내용 전달이 일방적인 편이 아니다.

틱톡은 소통과 교류에 최적화되어 있는 앱이다. 댓글을 남기는 기능은 당연히 있고, 좋아하는 영상을 다운로드하거나 인스타그램과 같은 여러 다른 플랫폼을 통해서 다른 사람들과 공유하기도 쉽게 되어 있다. 직접 영상 회신을 할 수도 있고, '이어찍기'를 해서 다른 사람의 영상에 링크해 바로 내 영상을 올릴 수도 있으며, 각자가 있는 장소에서 원하는 인플루언서와 '합방'을 해서 화면이 반으로 나뉜 채로 함께 비디오 라이브를 여는 것도 가능하다.

틱톡의 '인터랙티브'함은 상상을 초월한다. 어느 금요일 밤, 우연히 구경하게 된 틱톡 라이브 피드들은 완전히 새로운 세상을 내게 보여주었다. 코로나19로 인해 격리되어 있는 사람들이 어떻게 노는가를 우연히 보았더니 틱톡에서 정말 놀라울 정도로 재미있게 놀고 있었다. 게다가 말도 안 되는 조합의 틱톡 라이브들도 여럿 존재한다. 나라의 경계를 넘어 번역기 앱을 사용해 수백, 수천

명이 보고 있는 가운데 라이브 소개팅을 한다. 전라도 어디선가 밤에 배고프다고 들기름에 비빔밥을 드시는 할머니와 몽골, 태국에 각각 나가 있는 한국 교포들이 함께 음식을 만들어 라이브 먹방을 하기도 한다.

비상시적 강화로 보상을 준다(random reinforcement)

사람들이 카지노와 같은 도박장에서 슬롯머신 앞에서 계속 레버를 당기게 되는 이유는 무엇일까? 그것은 바로 레버를 당길 때 이길지 질지 모르는 무작위한 확률이 우리의 뇌를 자극하기 때문이다. 언제 몇 배의 보상이 튀어나올지 모른다. 그렇기 때문에 '이번만, 이번만' 하면서 계속 레버를 당기고, 중독되는 것이다. 틱톡에 들어가면 맨 처음 보이는 추천 페이지에서 계속 새로운 영상이 나온다. 영상 몇 개는 재미없고, 몇 개는 정말 신기하면서 재미있다. 그런데 재미있는 영상이 나올 확률은 무작위다.

그러니 우리의 뇌는 재미있는 영상이 등장해서 보상 호르몬인 도파민이 분비될 때까지 계속 여러 영상을 보게 되는 것이다. 추천 페이지에 뜨는 영상들은 이러한 무작위한 확률이 기본적으로 지정되어 있어서 간헐적 강화(intermittent reinforcement)가 이뤄지도록, 즉 얼마간의 시간 간격을 두고 높아지도록 환경을 만든다. 이렇게 언제 뇌에게 보상으로 느껴질 영상이 나오게 될지를 알 수 없게 함으로써 이 앱에 대한 중독성을 극대화시킨다.

빠르게 피드백을 전달한다(fast feedback)

잘 알려진 마시멜로 테스트에서 드러났듯이 인간의 뇌는 보상의 시점이 너무 뒤에 있으면 그 보상에 대한 가치를 더 낮게 책정한다. 지금 당장 즐길 수 있는 것의 가치를 나중에 누리게 될 가치보다 높게 책정하는 것이 뇌의 기본적 습성이다. 따라서 뇌는 빠른 피드백을 받는 것을 좋아한다. 그런데 틱톡에서는 실시간으로 피드백을 받을 수 있을 뿐 아니라, 일반적으로 영상에 대한 반응

| '2개 국어를 쓰면 영화를 색다르게 볼 수 있을까?'라는 주제로 만든 콘텐츠. 빠르게 쌍방향으로 시청자의 관심을 유도하는 틱톡의 특징에 착안하여 기획했다.

이 빠르게 돌아온다. 이는 뇌의 입장에서는 틱톡 앱의 플랫폼에 더 높은 가치를 부여하게 만든다.

숏폼 콘텐츠로 MZ 세대를 사로잡아라

전 세계적으로 MZ 세대가 압도적으로 숏폼 콘텐츠에 빠져들고 있으며 틱톡은 그런 숏폼 콘텐츠의 대표적인 사례라 할 수 있다. 대체 왜 이토록 많은 젊은 세대가 숏폼 콘텐츠에 빠져들까?

트렌드 2 | MZ 세대는 숏폼에 빠르게 반응한다

2020년 초의 한 통계 결과에 따르면 미국에서 틱톡 사용자 중 10세와 29세 사이의 청소년은 62%를 넘는 반면, 50세 이상인 틱톡 사용자는 전체의 7%에 불과했다고 한다.[9] 국내의 경우는 이 숫자가 미국보다 빠르게 늘어서 50대 이용자의 숫자가 현재는 20% 가까이 늘었다. 그러나 국내에서도 2020년 기준으로 사용자의 70%가 24세 미만이라는 통계가 있다. 이미 MZ 세대에게 틱톡은 필수 앱으로 자리 잡은 것이다.

무엇보다 틱톡은 젊은 세대가 어떠한 방식으로 영상을 공유하고 노는지를 정확하게 파악하고 있다. 립싱크, 노래, 댄스 외에도 다양한 챌린지가 매주 나온다. 단순히 '눈팅'만 하는 게 아니라 모두가 챌린지를 따라 하고 재미있다고 생각한 영상의 행동을 흉내 내면서 영상이 퍼져 나간다. 연예인이나 유명 유튜버보다 또래 유튜버나 틱톡커들을 따라 하는 재미가 크다. 팔로워가 500만이 넘는 한 유명 틱톡커는 이렇게 말하기도 했다. "틱톡에선 재미보다 창의력이 높은 점수를 얻는다."

그렇다면 이러한 젊은 MZ 세대들이 콘텐츠를 바라보는 방식은 그들의 뇌가 세상을 보는 방식이 변한 것과 연관이 있을까? 과연 MZ 세대의 뇌는 어떻게 다른가?

주의집중 시간이 짧아졌다

MZ 세대를 이야기할 때 사람들은 이들이 한 가지에 관심과 집중을 기울일 수 있는 주의집중 시간(attention span)이 짧아졌다고 이야기한다. 따라서 긴 텍스트나 영상은 계속 집중해서 보기 어렵고, 짧은 숏폼 영상 콘텐츠에 최적화되어 있다는 것이다. 이를 직접적으로 뒷받침하는 연구는 사실 찾기 어렵다. (사람들의 평균 주의 집중 시간이 지난 15년 동안 12초에서 8초까지 줄었다고 자주 인용되는 마이크로 소프트 캐나다의 연구는 잘못 인용된 연구로 밝혀졌다.)

독일 막스플랑크연구소와 덴마크 국립공대, 영국 코크대학교의 연구자들이 공동으로 연구해 2019년에 발표한 한 논문은 사람들이 관심을 가지는 주제들이 점점 빨리 변하는 것을 보여주었다. 트위터, 구글, 레딧, 위키피디아 등에서 최상위 검색어 해시태그와 사람들의 검색 패턴을 모델링한 결과, 한 주제에 대한 주의집중력이 지난 몇 년간 점점 짧아졌다고 한다. 이는 우리의 뇌가 하루에 주의를 기울일 수 있는 인지능력이 한정되어 있기 때문이기도 하다. 새로운 주제가 계속해서 올라오면 한 가지 주제에 주의력을 할애할 수 있는 시간이 줄어드는 것이다.[10]

요약과 큐레이션을 제공받길 원한다

기존 세대는 좋아하는 책과 음반 등이 있으면 모두 수집해서 서재를 채우기도 했다. 틱톡 세대는 가벼운 몸으로 온라인 서비스와 클라우드 등을 이용해서 전자책을 읽거나 음원 파일을 다운로드해서 듣는다. 이러한 트렌드는 이제 당연한 것이 되어버렸다. 지식이나 콘텐츠를 소비하는 MZ 세대의 모습에서도 비슷한 트렌드가 관찰된다. 누군가가 읽고 짧은 버전으로 요약해준 책의 내용을 고마워하고, 자기 자신 역시 즐겨 읽은 책이나 콘텐츠를 남들에게 소개해주는 걸 즐긴다. 이 같은 트렌드 변화를 통해 젊은 세대가 왜 틱톡을 선호하는지 이해할 수도 있다. 이들은 긴 이야기보다는 짧게 요약해서 핵심 내용만 보고 듣길 원한다고도 볼 수 있는 것이다.

2019년에 한 발표된 한 뇌과학 연구에 따르면, MZ 세대의 경우는 짧게 서로 다른 정보를 접하는 멀티태스킹 상황에서 오히려 한 가지 정보를 길게 보는 것보다 더 효율적인 퍼포먼스를 보였다. 뿐만 아니라 2020년에 미국 스냅사에서 호주, 캐나다, 프랑스, 미국, 영국, 사우디아라비아 등 6개국에서 1만 2,000명을 대상으로 진행한 한 연구에 따르면 MZ 세대의 과반수 이상은 단 2초에 불과한 짧은 광고의 내용도 잘 기억하여 다른 세대와 분명한 차이를 보였다.[11]

연출보다는 리얼함, 완성형보다 진행형을 선호한다

MZ 세대는 방송이건 온라인 매체이건 뒷광고를 한다든지 실제로 일어나지 않은 것을 더 멋지게 보이려고 연출하는 것을 극도로 싫어한다. 이것은 뇌가 어려서부터 경험하고 학습한 정보 취득의 방식과도 연결된다. 콘텐츠를 소비하기만 하는 쪽보다는 직접

| 뇌과학과 같은 전문 분야라 해도 MZ 세대가 관심 가질 만한 정보를 큐레이션하여 흥미롭게 요약해주는 숏폼 기획이 필요하다.

제작하면서 참여하는 방식이 익숙하다고 할 수 있다.

틱톡은 콘텐츠 제작을 가장 쉽게 할 수 있게 만든 앱 중 하나다. 힙한 음악을 추천받건, 짧은 영상을 찍건, 뽀샵이 잘된 얼굴 사진을 찍건, 웃긴 영상을 만들건 모든 것이 직관적이고 간단하며 쉽게 되어 있다. 실제로 틱톡은 자신들의 비전을 다음과 같이 명시하고 있다.

세상의 모든 창의성, 지식, 소중한 삶의 순간들을 바로 모바일폰으로 캡처해서 세상 모든 사람들이 콘텐츠 크리에이터가 되도록 하고, 이용자들이 모두 그들의 열정과 창의적인 표현들을 비디오를 통해 나눌 수 있게 하고자 한다. (To capture and present the world's creativity, knowledge, and precious life moments, directly from the mobile phone. TikTok enables everyone to be a creator, and encourages users to share their passion and creative expression through their videos.)

그러한 의미에서 틱톡은 가장 빠르고 효과적으로 메타버스의 세상에 들어와 있는 플레이어이기도 하다. 사진을 통해 현실을 증강하고, 서로 멀리 떨어져 있는 사람들과 틱톡 라이브를 통해 연결되고, 자신의 삶을 다른 사람들에게 순간순간 쉽고 간단하게 공유하고, 모든 순간을 일종의 게임이나 놀이처럼 만드는 것이 가능한 플랫폼. 또 다른 의미에서는 세계 위에 세계가 겹쳐져 있는, 현실과 가상, 증강현실이 구분되지 않는 메타버스의 세상을 살면서 가장 큰 역할을 하게 되는 곳이 바로 틱톡일지도 모른다고 조심스레 짐작해본다.

뇌에 가장 빠르게
도달하는 콘텐츠는?

뇌는 빠른 피드백을 좋아한다. 이는 실시간으로 영상에 대한 피드백을
받을 수 있는 틱톡 앱이 플랫폼으로서 높은 가치를 받을 수 있는 데 큰
이유가 된다.

메타버스의 세상에서 우리의 뇌가 가장 빠르게 적응하도록 도와줄 수
있는 것도 어쩌면 틱톡일지 모른다.

KNOWHOW 01

"나의 업과 콘텐츠를 일치시켜라"

유아나
@milstar79

#아나운서 #스피치 #덕업일치 #퍼스널브랜딩 가능성

아나운서가 틱톡을 만났을 때

．．．．．．．．．．．．．

"아나운서가 틱톡을 한다고?"

댄스 챌린지들이 유행하던 틱톡에 유아나가 처음 등장했을 때, 댓글에는 "진짜 아나운서야?" 혹은 "틱톡에 아나운서가?"와 같은 반응이 많았다. 아나운서라는 직업에 대해 여전히 '단정함', '조신함', '차분함'을 떠올리는 사람들이 많다. 그에 반해 틱톡에서 잘되는 사람들은 짧은 순간에 바로 사람들을 끌어당길 만한 강점이 있다.

왜 굳이 틱톡을 시작했느냐는 질문에 나는 '세상에 나를 알리기 위해서'라고 답한다. 프리랜서 아나운서로서 세상에 '유미라'라는 사람이 더 많이 알려질수록, 일이 많아지고 촬영이나 행사현장에서의 페이도 더 높아진다. 물론 지금은 협찬과 광고를 진행하며 틱톡으로 부수입도 생겼다.

PD 겸 앵커로 근무하면서 유튜브 편집을 해봤기 때문에 개인 유튜브나 틱톡을 시작해볼까 하는 고민은 진작부터 있었다. 하지만 정작 아나운서라는 직업을 살려 콘텐츠를 만들었을 때 이 영상이 먹힐지는 의문이었다. 처음 유아나 채널을 만들 때만 해도 유튜브를 하는 아나운서는 많지만, 틱톡을 하는 아나운서는 많지 않았다. 틱톡에 '#아나운서'를 검색했을 때 꾸준히 영상을 올리는 아나운서는 없었고, 해당 태그의 게시물 역시 많지 않았다. 아마 같은 고민을 한 아나운서들이 많았을 것 같다. 시작할 엄두가 안 나 고민만으로 끝난 사람도 있었을 것이다.

틱톡을 처음 만난 건 2020년 가을쯤이었다. 몇 개월 동안 이 플랫폼을 들여다보며 무작위로 뜨는 추천 영상들을 지켜봐 왔지만 도무지 이해할 수가 없었다. 유튜브는 내가 검색한 것을 기반으로, 또 내가 오래 시청하고 좋아하는 영상을 기반으로 추천 영상이 뜬다. 인스타그램도 마찬가지로, 내가 팔로우하는 사람들의 콘텐츠나 그와 비슷한 '내 취향'의 사진과 영상을 추천 피드에서 볼 수 있다. 하지만 틱톡은 그렇지 않고, 추천 피드에 영상이 랜덤으로 뜬다는 것이 기존에 내가 알던 영상 기반 SNS와 가장 다른 점이었다. 또 15초, 30초, 60초 안에 할 말을 다 전달해야 하는 숏폼 플랫폼 특성상, 정보를 전달하기에는 부족해 보였다.

무엇보다도 가장 큰 난관은, 틱톡의 주 이용자들의 연령대였다. 대학에서도 소위 '고인 물'이 되어버린 내가 MZ 세대와 잘 소통할 수 있을지가 문제였다. MZ 세대는 세계 모든 문화권에서 자기 정체성과 자존감이 높은 세대라고 한다. 이 세대는 거리낌 없이 자신을 표현하고, 개개인이 1인 방송인이 된다. 특히 각자의 스마트폰 카메라와 어플만으로도 영상을 손쉽게 제작할 수 있어 그 결과물을 보며 자존감을 형성해간다. 이렇게 생성된 수많은 콘텐츠 속에서 자신의 취향에 맞는 콘텐츠를 찾아 팔로우하고, 댓글뿐만 아니라 친구를 소환해 대화하고, 이어 찍기로 자신의 피드에 영상을 공유하거나 재창작하는 것이 세상과의 소통법이다.

대학원에서 뉴미디어를 전공하며 이론상으로 배운 것은 머릿속에 있었지만, 막상 부딪혀보는 것은 쉬운 일이 아니었다. 틱톡과 친해져 보겠다고 섣불리 댄스 챌린지를 했다가는 본업에 지장이 생길 수도 있었다. 많은 방송사들이 앞다퉈 유튜브를 개설하고 시청자들과 소통하며 개방적인 모습을 보이려 노력하지만 사실 여전히 보수적인 부분이 있다. 하지만 결국 부딪혀봐야 했다.

선례가 없었기 때문에, 철저히 내가 직접 영상을 올려보고 반응을 확인해봐야만 했다. 유튜브가 아닌 틱톡을 선택한 이유는 단 하나, '잘할 수 있을 것 같다'라는 근거 없는 자신감이었다. 특히 초반에는 내가 속한 MCN 메이저스 네트워크에서 기획과 편집을 도와주셨기 때문에 조금 더 빠르게 적응할 수 있었다.

틱톡으로 퍼스널 브랜딩이 가능해?

본격적으로 영상을 업로드하려니, 틱톡에서 과연 '퍼스널 브랜딩'이 가능할지는 그다지 확신할 수 없었다. 요즘 유행하는 '본캐(본캐릭터)'와 '부캐(부캐릭터)' 개념으로, 아예 틱톡에서는 아나운서가 아닌 부캐로 활동해볼까 생각도 했다. 하지만 그렇게 알려진 부캐는 본캐인 '유미라 아나운서'를 알릴 수가 없다는 것이 단점이었다. 결국 본캐지만 부캐 같은 '유(미라) 아나(운서)', 곧 '유아나'가 탄생했다.

유아나의 첫 영상은 새해 목표 챌린지였다. 새해 첫날에 유행하던 챌린지로, 각자의 올해 목표를 밝히는 것이었는데 운이 좋게도 첫 영상이 메인에 걸리면서 조회 수와 함께 팔로워가 빠르게 늘었다. 나는 내가 알고 싶은 것에 대한 답을 얻기 위해 그들이 궁금해하는 것을 물었다. "댓글로 질문 남기면 대답할게요."라고 하는 식이었다. 두 번째 영상으로는 유아나를 소개하면서 동시에 사람들이 아나운서에게 어떤 걸 궁금해할지 짐작하며 내가 먼저 질문을 올렸다. 여기서 한 가지 팁이 있다. 계속해서 질문을 던지거

나 친구를 소환할 수 있도록 유도하며 팔로워와 가능한 한 소통을
많이 하는 것이 채널 성장에 도움을 준다는 점이다. 소통을 많이
하자 유대관계가 생기면서 팔로워가 빨리 늘어났다.

| 해시태그 1 | #한국어체크

홍미로운 점은, 두세 번째 영상까지만 해도 유아나 채널의 방
향을 구체적으로 세우지 못하고 있었는데 댓글에 대한 회신 영상
들을 찍다 보니 자연스레 콘텐츠의 주제들이 정해졌다는 사실이
다. "되와 돼, 어떻게 써요?", "결제와 결재 중 뭐가 맞아요?"와 같
은 질문들이 많이 달렸다. 첫 번째 해시태그가 '#한국어체크'로 정
해졌다. 맞춤법이나 올바른 표현에 대한 것들은 지금까지도 제일
많이 받는 질문이다.

| 해시태그 2 | #아나운서

두 번째 해시태그는 '#아나운서'다. 아나운서에 대한 모든 걸 나
누는 게 주제가 됐다. 아나운서의 목 관리 방법, 발음 발성법, 호흡
법 등 아나운서가 말을 잘하는 방법이나 스피치 잘하는 방법과 관
련된 질문이 많았다. 자연스레 또 질문들에 회신을 하다 보니 콘
텐츠가 늘었다. 좀 더 재밌게 호흡법 영상을 올리고자 했던 '#한호
흡챌린지' 영상은 순식간에 퍼져 나가기도 했다. 이 역시 요청으

로 찍은 영상 중 하나였는데, 업로드한 지 2개월째인 지금 200만 명 이상 조회한 영상이 됐다. 실감이 안 나던 차에 고등학생인 사촌 동생이 "친구가 이거 보라고 보여줬는데 언니더라"라고 하는 일도 있었고 "한호흡챌린지 한 아나운서죠?" 하며 알아봐 주는 말도 들었다. 그러면서 새삼스레 이 영상의 파급력을 체감하게 됐다.

틱톡을 통해 퍼스널 브랜딩이 가능하냐고 묻는다면 이제는 "가능하다"라고 자신 있게 대답할 수 있다. 유아나도 아직 성장해가는 과정 중에 있지만, 페이스북, 인스타그램, 유튜브, 네이버 블로그 등 여러 플랫폼을 직접 경험해본 결과 가장 단기간에 성과를 낸 건 단연 '틱톡'이었다.

틱톡에서 퍼스널 브랜딩을 할 때 가장 용이했던 장치가 바로 해시태그였다. 올바른 우리말 정보를 전달해주는 아나운서라는 채널 콘셉트를 일차적으로 전달해줄 수 있는 요소였기 때문이다.

브랜딩은 곧 '나'를 드러내는 일

· ·

자신의 '업'을 틱톡과 일치시켰을 때 퍼스널 브랜딩이 가능하다는 사실은 확인했다. 조회 수가 오른(Up) 뒤에 팔로워가 오르고(Up), 이내 유아나라는 사람의 가치도 Up, 올릴 수 있었던 것이다. 구체적으로 어떻게 조회 수와 팔로워를 '업'시킬 수 있었는지 생각해보니, 업로드할 때 들어가는 모든 것들이 곧 브랜딩이었다.

업(Job)으로 업(Up)하다
· ·

| 브랜딩 전략 1 | 촬영할 때부터 구도나 배경을 일치시켜라

촬영할 때 구도나 배경을 일치시켜서 '유아나' 하면 하나의 화면이 떠오를 수 있도록 했다. 지금은 다양한 시도 끝에 바뀐 부분이 많지만, 처음부터 구도는 가능한 한 가까이서 영상통화하듯 소통하는 느낌을 주기 위해 바스트샷으로 촬영했다. 배경지는 틱톡에서 조회 수가 잘 나온다는 파스텔 계열을 사용했다. 여러 시도끝에 제일 눈에 띄고 반응도 많았던 핑크 배경지를 썼던 것도 하나의 전략이었다. 어떤 채널을 보면 배경에 LED 조명을 쓴다거나늘 같은 곳에서 촬영하는 사람들도 있는데, 그 역시 촬영할 때의 브랜딩 전략으로 볼 수 있다.

| '유아나'라는 채널을 시각적으로 각인시키기 위해 가장 먼저 신경 쓴 것이 바로 배경지였다. 동일한 색감을 반복적으로 사용한 것이 정체성을 다지는 전략으로 작용했다.

| 브랜딩 전략 2 | 나만의 음원을 만들어라

유아나 채널에 꾸준히 업로드하는 회신 방법 중 하나는, 반전 음원을 사용하는 것이다. 숏폼 플랫폼 특성상 영상 초반에 핵심이 전달되어야 하는데, 바로 정답만 알려줘서는 또 뒷부분까지 영상을 지속적으로 보지 않아 고민이 컸다. 그래서 생각한 방법 중 하나는, 반전 음원을 통해 정답을 공개하고 바로 뒷부분부터 왜 그게 정답인지 풀이를 해주는 방식이다. '유아나' 하면 반전 음원, 반전 회신 영상을 생각하면 '유아나'가 떠오를 수 있도록 지속적으로 같은 음원을 쓰는 것도 하나의 전략이다.

| 브랜딩 전략 3 | 채널 이름을 계속 밝혀라

"유아나가 알려줄게", "유아나에게 물어봐", "유아나 꿀팁!"과 같은 언급을 포함시킴으로서 영상 하나에 내가 '유아나'임을 한 번씩은 꼭 밝혔다. 멘트로 하는 게 제일 자연스럽지만, 영상 흐름상 안 맞으면 자막으로 넣었다. 또 멘트로도, 자막으로도 못했다면 영상을 설명하는 코멘트에라도 넣으려 했다.

마지막으로, 내 영상에 첫 댓글로 추가 설명을 남기면서 '유아나의 핵심 정리'라고 소제목을 붙이는 방법도 있다. 틱톡 특성상 수많은 영상들이 한 시청자를 스쳐 지나간다. 나 또한 추천 피드에서 영상들을 한참 보고 나서도 기억에 남는 채널 이름은 단 하

| 내가 누구인지는 내가 직접 알려주지 않으면 제대로 전달하기 어렵다. 그래서 오프닝과 클로징에서 채
 널명을 반복적으로 언급한다.

나도 없는 경우가 있다. 그래서 한번 스쳐 지나가는 사람에게도 내가 '유아나'임을 각인시키려는 노력이 필요했다. 배경에 채널 이름을 걸어놓고 영상을 찍거나, 본인 이름을 옷에 프린팅하거나, 귀여운 이름표를 달고 있는 틱톡커들도 많은데 그러한 시도 역시 브랜딩에 도움이 될 수 있다.

이런 것들 외에도 개개인이 활용할 수 있는 브랜딩 전략은 무궁무진하다. 단순하다면 단순하지만, 브랜딩 방법을 논하면 훨씬 많은 전략들이 나올 것이다. 각자 채널의 성향에 맞게, 채널의 가치를 높일 수 있는 브랜딩 전략을 세워보면 어떨까.

'채널'의 가치가 '삶'의 가치가 된다

틱톡을 시작한 뒤로 보람을 느끼는 순간이 많다. 물론 악플과 소위 '먹튀성' 댓글을 보고 상처를 받은 적도 많지만, 그럼에도 멈출 수 없는 이유가 생겼다. '유아나의 영상을 보고 국어 성적이 올랐다, 너무 어려워서 포기했던 건데 쉽게 알려줘서 감사하다, 한국어를 더 좋아하게 됐다……'와 같은 이런 댓글들을 보면 모든 피로가 눈 녹듯 사라졌다.

유아나는 처음부터 정보성 콘텐츠로 접근했다. 일명 '#틱톡교실'의 '#틱톡쌤'을 자처하고 나섰다. 과목은 한국어이고, 한국어 맞춤법, 헷갈리는 어휘, 재밌는 한국어 표현 등을 알려주고자 했다. 그리고 채널 특성상 영상을 본 분들이 댓글에 계속 올려주는 질문들은 모두 다음 콘텐츠의 주제가 되었다.

틱톡을 시작할 때 나는 어떤 것에 제일 자신 있는지 생각해보면 접근이 쉽다. 틱톡에서 팔로워가 많은 다른 사람들을 살펴보면 요리, 꿀팁, 외국어, 댄스 등 각자의 전문 분야가 하나씩 있다. 물론 막연히 이것저것 다 따라 하다가는 그냥 일상을 올리는 사진첩에 불과하게 될 수도 있다. 그러나 내가 아는 정보를 효과적으로 전달하고 나누면 남는 게 생긴다. 채널의 가치를 높이기 위해 시작한 것이 이제는 본업과 삶에도 큰 영향을 주고 있다.

틱톡을 시작하고 나서 꾸준함과 인내심을 기르게 됐고, 내 본업을 더 사랑하게 됐다. 그리고 교육과 나눔의 삶을 살면서 '잘' 살고 있는 것 같아 나 자신을 좋아하게 됐다. 더 많은 사랑을 받게 됐고, 이렇게 또 더 사랑스러운 사람이 되어가고 있다. 단 몇 달 만에 틱톡은 내 삶을 통째로 바꿔놓았다. 내가 생각한 그 이상의 가치를 발견하게 된다.

아무리 가까운 길이라도 가지 않으면 닿지 못하고,

아무리 쉬운 일이라도 하지 않으면 이루지 못한다.

『채근담』의 한 구절처럼, 아무리 가깝고 쉬워도 가지 않고 하지 않으면 이룰 수 없다. 할까 말까 하고 있다면 일단 해보고, 하고 있지만 모르겠다면 더 해보면 된다. 틱톡에 성공과 실패는 없으니, 실패를 두려워할 필요도 없다. 유아나가 틱톡을 시작한 뒤로, 직업의 가치를 발견하고, 유아나 스스로의 가치를 높여갔듯 여러분도 틱톡을 통해 진짜 '나'를 만나길 바란다.

tip

브랜딩의 시작 : 같이의 가치

같이 성장하는 것의 가치는 겪어본 자만이 안다. 내가 아는 것을 공유하고 내가 먼저 배운 것을 더 쉽게 알려줬을 때 누군가 또 하나를 깨달을 수 있다. 그리고 상대의 성장을 위해 시작한 일을 통해 나도 함께 자라고 있음을 발견할 수도 있다. 사실, 틱톡이 이미 한참 자리를 잡은 뒤인 2020년 말에 유아나 채널이 생겼으니, 한발 늦은 감도 있었다. 그럼에도 단기간에 빠르게 성장한 건, 틱톡 자체적으로 당시 정보성 콘텐츠를 육성하려는 움직임이 보였기 때문이다.

국민 틱톡커 챌린지로 한창 정보성 콘텐츠 참여자의 모집이 이뤄지고 기업이나 대학, 기관과 함께하는 챌린지가 진행되던 때, 유아나 역시 지금의 MCN 메이저스 네트워크를 만났다. 주제를 정하고 채널의 방향을 잡기가 어렵다면 이런 챌린지에 참여하거나 MCN의 문을 두드려보는 것도 하나의 방법이다. 영상 기획과 편집 면에서의 도움은 기본, 서로 '좋아요'와 댓글을 남겨주고, 각자 채널의 특징에 맞게 컬래버레이션을 하며 시너지를 낼 수 있다. 같이하는 것이 이토록 가치 있는 일임을 요즘 매일 체감한다.

Point 잘 아는 것을
콘텐츠화하고 있는가?

나의 업과 콘텐츠를 일치시킨다는 것은 곧 내가 가장 잘 알고 있는 것을
콘텐츠로 연결한다는 의미기도 하다.
나의 전문 분야를 통해 사람들의 궁금증을 해결해주고 소통하는 것에
서 브랜딩이 시작된다.

KNOWHOW 02

"팔로워에게 먼저 다가가는
콘텐츠를 기획하라"

코리안훈
@koreanhoon

#한국어학습 #콘텐츠의세계화 #채널브랜딩

How TikTok?

감정을 움직이는
콘텐츠는 무엇이 다를까

· · · · · · · · · · · · · · · · · · · ·

틱톡은 정말 기상천외한 콘텐츠로 가득 차 있고, 크리에이터들은 다양한 방식으로 팔로워를 모아 그들에게 가치를 전한다. 그중에서도 '잘나가는' 크리에이터는 뭐가 어떻게 다를까? 잘생겼을까? 예쁠까? 웃길까? 이는 표면적인 분석일 뿐이다. 100만 단위의 구독자를 모은 틱톡 채널을 살펴보면 공통점이 있다. 나는 이 공통점을 '바이럴 콘텐츠'라고 생각한다.

왜 '바이럴'해야 할까? 콘텐츠가 바이럴(viral)된다는 것은 바이러스처럼 사람들 사이에서 퍼져 나간다는 의미다. 바이럴 콘텐츠를 만들어야 하는 이유는 무엇일까? 이유는 단순하다. 정보가 최

157

대한 많은 이들에게 도달하는 것이 좋기 때문이다. 틱톡에서는 대부분의 사람들이 추천 페이지의 콘텐츠를 소비하며 앱을 이용한다. 즉, 추천 페이지에 콘텐츠가 떠야 사람들의 주의를 끌 수 있다. 그렇다면 어떻게 당신의 콘텐츠를 추천 페이지로 보낼 수 있을까? 바이럴될 만한 콘텐츠를 만들면 된다.

틱톡을 하고 있다면 사고의 흐름은 자연스럽게 '어떻게 더 좋은 콘텐츠를 알맞은 사람의 추천 페이지로 보낼 수 있을까?', '어떤 콘텐츠가 좋은 콘텐츠인지 어떻게 판별할까?'와 같은 방향으로 흘러갈 것이고, 이러한 질문에 답변할 수 있어야 한다. 그런데 단순히 이런 생각을 하게 될지도 모른다. '사람을 많이 고용해서 하나씩 콘텐츠를 보고 조회 수를 늘리면 추천 피드로 갈 수 있지 않을까?' 이건 거의 불가능한 일이다. 천문학적인 숫자의 콘텐츠가 매일 쏟아지는데, 그 콘텐츠를 하나씩 보고 있을 수는 없다. 당신이라면 어떻게 할 것인가?

바이럴이 잘되는 콘텐츠의 특징

콘텐츠를 공유해본 적이 있는가? 최근에 공유했던 콘텐츠는 어떤 것인가? 공유 버튼이야말로 바이럴되는 콘텐츠를 만드는 핵심 버튼이다. 예를 하나 들어보자. 당신이 침대에 누워 틱톡을 보고 있는데 믹서기로 스마트폰을 갈아버리는 영상이 나온다. 실험복을 입고 엄중하게 믹서기를 돌리는 아저씨와 그 뒤로 나오는 클래식 음악, 곱게 가루가 되어버린 스마트폰. 당신은 공유 버튼을 누르고 링크를 카피하여 친구에게 카톡으로 전송한다. 이때 당신이 공유 버튼을 눌러 친구에게 영상을 전송한 이유는 무엇일까?

웃겨서 보냈다는 것이 이유가 될 수 있을 것이다. 사람은 자신이 느끼는 감정을 타인과 공유하고 싶어 한다. 여자친구와 헤어졌을 때 친구를 찾는 이유는 슬픔이라는 감정을 나눌 수 있는 누군가를 원하기 때문이다. 기쁠 때 부모님 혹은 친한 친구에게 전화하는 이유는 기쁨이라는 감정을 공유하고 싶기 때문이다. 콘텐츠를 공유하게 되는 원리도 이와 비슷하다. 즉, 사람들이 공유하는 콘텐츠는 바로 '감정을 일으키는 콘텐츠'인 것이다.

어떤 콘텐츠가 감정을 일으킬까? 그리고 감정을 일으키는 콘텐츠는 어떻게 만들 수 있을까? 우선 감정은 크게 여섯 가지로 나눌 수 있을 것이다. 즐거움, 슬픔, 두려움, 놀람, 역겨움, 분노가 그 여섯가지다. 스마트폰을 갈아버리는 영상의 경우 놀람을 유발하고, 선량한 시민이 괴한으로부터 공격을 받는 CCTV 영상은 분노를 유발할 것이다. 틱톡 콘텐츠의 많은 부분을 차지했던 리듬에 맞춰 춤을 추는 영상의 경우 즐거움을, 본인이 겪었던 가슴 아픈 이야기를 잔잔하게 공유하는 콘텐츠는 슬픔을 불러일으킬 것이다.

물론 한 가지 감정만 유발하는 것이 아니라, 여러 감정을 복합적으로 자극하는 경우도 있다. 그리고 같은 콘텐츠라도 보는 사람마다 느끼는 감정이 다를 수도 있다. 하지만 우리가 반드시 던져야 하는 질문은 '사람들로 하여금 어떤 감정을 일으키는 영상을 만들 것인가? 그리고 어떻게 그 감정을 일으킬 것인가?'다. 감정을 일으키는 콘텐츠를 만드는 것은 어렵다. 연습해보지 않은 사람의 경우 더 어려움을 겪는다.

코리안훈의 콘텐츠로 예를 들어 설명을 해보자. "못생겼어"라는 표현을 알려주는 영상을 만들기로 했다. 가장 기본적인 방식은 "못생겼어"라는 표현을 말한 뒤에, 학생들에게 "You're ugly"라는 뜻임을 알려주고 끝나는 영상이다. 하지만 그렇게 했을 때는 어떤 감정도 일어나지 않는다. 따라서 코리안훈은 롤플레잉을 통해서 학생이 "못생겼어"라는 표현을 직접 말해볼 수 있도록 유도하는 형식을 사용했다. 스크립트는 다음과 같다.

코리안훈: "오늘 나 어때?"
학생: "못생겼어!"
코리안훈: "그만해. 장난이잖아."
학생: "못생겼어!!"
코리안훈: (삐쳐서 떠나감)

여기서 타깃으로 삼은 감정은 즐거움이다. 학생 입장에서는 못생겼다고 놀리자 삐쳐서 돌아가는 나를 보면서 즐거움을 느낄 것이고, 그 과정에서 새로운 단어를 학습했다는 기쁨도 누릴 수 있는 것이다. 이러한 방식으로 130만 회의 조회 수와 24만 7,000개의 '좋아요'를 받은 콘텐츠를 만들 수 있었다.

이런 방식으로 평소에 당신이 만들던 콘텐츠에 변화를 줘보는 것은 어떨까? 아직 콘텐츠를 만들어보지 않았다면 이러한 내용을 기본으로 시작해보는 것을 추천한다.

| 언어 학습이라는 일차적인 목표 외에 팔로워들을 대상으로 타깃 감정을 전달하고자 했을 때 더욱 다양하고 흥미로운 콘텐츠를 기획하는 것이 가능해졌다.

나의 채널에 '유일함'을 부여하는 방법
· ·

'감정을 일으키는 콘텐츠를 만들겠다.'

이것이 코리안훈이라는 채널을 시작하기 전부터 내가 갖고 있던 목표였다. 첫 콘텐츠를 만들던 순간부터 변함없이 이 목표를 향해 가려고 애썼다. 사람들의 마음에 아무 감정도 일으킬 수 없다면 의미 없는, 즉 영향력 없는 콘텐츠라고 생각했기 때문이다. 코리안훈 채널 콘텐츠에 호응하는 구독자들의 반응을 통해 나름의 증명 과정을 거치면서, 새롭게 생각하게 된 것도 있었다. 바로 '코리안훈 채널을 브랜드로 만들어낸 원동력이 어디서 비롯되는가'다.

채널 구독자가 200만이 넘어서면서, 틱톡커가 단순히 콘텐츠 창작자를 넘어서 브랜드화된다는 것이 무엇인지, 콘텐츠들을 브랜드화하는 방법은 어떤 것인지 고민하게 되는 일들이 많았다.

나는 브랜드 전문가도 아니고 대학교에서 마케팅을 공부해본 적도 없다. 단지 지난 2년간 300개가 넘는 영상 콘텐츠를 제작했고, 그 과정에서 200만 명이 넘는 팔로워를 모았고, 이 모든 것들을 관통하는 하나의 메시지를 구체화해왔던 과정을 공유할 수 있을 뿐이다.

우선 브랜드의 정의를 한번 간단하게 살펴보자. 위키백과에 따르면 브랜드는 '어떤 경제적인 생산자를 구별하는 지각된 이미지와 경험의 집합'이라고 한다. 너무 어려운 말이다. 지각된 이미지는 무엇이고 경험의 집합이라는 말은 무슨 말인가? 일단 '구별'이라는 단 하나의 단어에만 집중을 해보자. 틱톡에 있어서 브랜드란 다른 콘텐츠 창작자들과 당신을 '구별'할 수 있게 해주는 어떤 것이다. 그렇다면 이 구별이라는 것은 어떠한 차원에서 이뤄지며, 한 사람의 틱톡커는 다른 틱톡커와 어떻게 구별될 수 있을까?

일차원적으로 말해서 당신의 계정은 고유한 계정 아이디로 구별되어 있다. 각각의 채널은 아이디를 통해서 엄밀히 모두 구별되어 있는 것이다. 하지만 이러한 특성은 모두가 가지는 특성이므로 유의미한 구별을 가능하게 하는 것이 아니다. 첫 번째 구별은 카테고리에서 이루어질 수 있다. 틱톡에 있는 운동, 댄스, 개그, 요리 등등 카테고리 중 한 가지를 택하는 것이다.

두 번째 구별은 형식에서 이루어질 수 있다. 한국어 교육을 예로 들자면 2021년 현재 한국어 교육 카테고리에는 코리안 하민, 코리안딕, 제이프롬코리안, 쿤코리안, 시찬오빠 등 다양한 크리에이터가 있다. 각 크리에이터가 한국어 교육을 하는 방식을 보면 정말 재미있다. 학생들이 댓글로 남긴 질문을 바탕으로 답변을 해주는 형식도 있고, 상황별로 다양한 표현을 여러 개 알려주는 방식도 있고, 상황극을 통해 재미를 일으키는 채널도 있다.

이토록 같은 카테고리라도 콘텐츠를 만드는 형식에 따라 구별이 가능해지는 것이다. 여기서 '추구하는 가치'라는 한 가지 더 깊은 단계가 있는데 이에 대해서는 코리안훈의 예시를 통해서 자세히 설명하겠다.

채널 브랜딩을 위한 가치의 선택

코리안훈은 시작부터 명확한 카테고리를 잡고 시작하였다. 한국어 교육 카테고리를 선택한 것이다. 이는 굉장히 좋은 선택이었다. 2019년 당시 다른 플레이어가 전무한 카테고리였기 때문이다. 그리고 내가 스스로에게 끊임없이 제시했던 규칙들은 이런 것이었다. '무엇을 올리냐보다 무엇을 안 올리냐가 더 중요하다.' 먹방도 했다, 게임도 했다, 운동도 했다 하는 채널은 초기 브랜딩이 너무 어렵다. 본인의 전문성이 검증되지 않은 채 중구난방으로 여러 카테고리를 도전하는 것은 힘든 길을 택하는 것이다. 차라리 계정을 여러 개 만들어서 따로 올리는 것을 추천한다.

또 다른 규칙은 '세계에서 최고이자 가장 엔터테이닝한 한국어 교육 콘텐츠를 만들자'였다. 여기서 핵심은 엔터테이닝, 즉 재미였다. 감정을 일으키는 콘텐츠를 만들기 위해 끊임없이 노력했다. 기존의 한국어 교육은 너무 딱딱하고 교과서적이었으며 재미

| 한국어 교육을 재미있게 전달하는 것, 누구나 즐겁게 볼 수 있는 교육 콘텐츠를 만드는 것. 이렇게 내가
  추구하는 방향이 곧 채널의 브랜딩으로 연결되었다.

를 찾아보기가 힘들었다. 그러한 한국어 교육을 재미있게 만드는 것이 코리안훈이 추구하는 방향이었고 이를 통해서 코리안훈만의 한국어 교육 콘텐츠가 탄생할 수 있었지 않았을까 하는 생각을 해본다. 즉 코리안훈의 채널 브랜딩이 가능했던 것은 엔터테인먼트 요소가 강한 한국어 교육 콘텐츠라는 점을 차별화 지점으로 유지해왔기 때문이다.

지금까지의 코리안훈은 '엔터테이닝한 한국어 교육'으로 브랜딩을 해왔다. 글로벌 시장의 수많은 한국인 크리에이터 중 한국어 교육 카테고리로 구별되었으며, 그 안에서도 엔터테인먼트가 강하고 감정을 일으키는 콘텐츠로 더 깊게 구별되었다. 나아가 그 과정에서 한 차원 더 깊숙이 구별되는 가치를 찾게 되었다. 그것은 나로부터 시작된 것이 아니라 팔로워들로부터 시작되었다.

한국어를 배우는 팔로워들에게는 공통점이 있었다. 아직 미국이나 유럽의 소도시의 경우 한국 문화를 즐기고 한국어를 배우는 것이 일반적인 문화는 아닌 탓에 소외감을 느껴왔던 것이다. 자신의 가장 친한 친구들에게도 인정받지 못하고 가족들과도 취미를 공유할 수 없었던 팔로워들은 그들끼리 외로움을 공유했다. 코리안훈 커뮤니티에 내에서 자생적으로 발생해왔던 가치가 바로 'Do What You Love', 즉 스스로가 사랑하는 일을 하라는 것이었다. 주변 사람이 내미는 기준이 아닌 스스로가 좋아하고 사랑하는 일을 찾아서 해나간다는 가치는 팔로워로부터 시작되어 나에게도 옮겨왔고 결국 오늘날의 코리안훈을 만들게 되었다.

어떤 감정을 전달하고 싶은가?

팔로워에게 무엇을 전달하고 싶은지 고민하는 단계부터 브랜딩이 시작된다. 이제 막 채널을 시작한 상태라면 스스로에게 질문해보기를 권한다. '어떤 감정을 전달하고 싶은가?'
콘텐츠로 감정을 유발하는 것은 가장 즉각적으로 팔로워에게 다가가는 방법이다.

KNOWHOW 03

"자신을 하나의 캐릭터로 만들어라"

리치언니
@rich_unni

#지식부자 #경제금융 #스타트업 #에듀테인먼트

'리치언니'라는 이름이 만들어지기까지

....

틱톡 플랫폼에 들어가는 것은 내게 꽤 큰 도전이었다. 심지어 댄스가 기본값인 틱톡에서 경제금융 지식 콘텐츠라니! 틱톡커 데뷔 제안을 받고 가장 깊게 고민했던 부분은 '틱톡을 왜 굳이 해야 할까?'였다. 스스로 납득할 만한 이유가 없다면 꾸준히 할 자신이 없었기 때문이다. 처음에는 제안해준 회사와 약속을 잘 지키기 위해, 그다음에는 내가 투자하는 시간에 대한 의미를 대강이라도 설정해두기 위해 스스로에게 계속 질문을 던지고 그에 대한 답을 찾아가는 과정에서 자연스럽게 채널 성격과 캐릭터가 만들어졌다. '리치언니'라는 틱톡 채널은 내게 스스로 던진 질문에 대해 답을 찾아간 과정의 결과물이다.

왜 하는지 질문하는 과정에서 정체성이 뚜렷해진다
···

현재 운영하는 유튜브 채널과 비교해서 이야기하면 틱톡 채널을 더욱 쉽게 파악할 수 있을 것 같다. 유튜브와 틱톡 채널은 타깃도 다르고 목표도 다르다. 큰 틀에서 보면, 유튜브는 가볍게 시작해서 자연스럽게 이리저리 영역을 확장해나간 것에 가깝고 틱톡은 명확하게 채널 개설 이유를 설정하고 시작했다.

유튜브 채널 '미스 포츈의 모험'을 시작한 것은 채널을 키워서 꾸준히 운영한다기보다는 소개할 만한 대형 딜에 대한 이야기의 아카이빙이 필요하겠다는 생각에서였다. 그런데 생각보다 첫 영상에 대한 반응이 괜찮게 나오자 아카이빙보다는 좀 더 적극적으로 콘텐츠를 올리는 것이 좋겠다고 여겼다. 다만 영상으로 만들 만큼 규모 있는 대형 딜이 자주 있는 것은 아니니 평소에는 개인적인 관심사인 금융사나 심리, 철학에 대한 이야기를 주로 다뤘다. 그때그때 상황에 따라 개인적인 관심사에 대한 콘텐츠를 만들다 보니 채널의 성격도 개인 블로그의 영상 확장판에 가까웠다.

리치언니는 미스 포츈과는 여러모로 성격이 달랐다. 아무것도 보장되지 않는 상황에서 개인적으로 시간을 투자해 생소한 플랫폼에 뛰어든다는 것은 생각보다 큰 용기가 필요했다. 도전을 의미 있게 만들어나가기 위해서는 내가 이 플랫폼에 뛰어드는 이유가 명확하게 있어야 했다.

틱톡 채널을 시작하는 이유를 스스로 정리하는 과정에서 내 지난 커리어 전체를 지배했던 '오지라퍼' 기질이 크게 발동했다. 목표는 '내 채널과 함께하는 사람들이 장기적으로 경제적인 자유를 얻을 수 있도록 돕겠다'였다. 그리고 '우리가 살아가는 세상을 해석하는 다채로운 경제 금융적 관점을 제공하는 방식'으로 그 목표를 실현하고 싶었다.

채널과 함께하는 사람들 각자의 경험이나 실행력, 가치관에 따라 그 속도와 결과물은 다양한 양상을 보이겠지만 사람들이 각자 경제금융 생활에 대한 자신만의 철학을 세울 수 있는 도구 중 하나로 리치언니를 활용하기를 바랐다. 도구로 활용하려면 짧고 쉬워야 했다. 그 관점에서 틱톡 플랫폼은 최적의 환경을 갖고 있었다.

목표를 정했으니 이제 경제금융 분야에 대한 사람들 마음속 장벽에 조금씩 구멍을 내기 위한 작전을 짜기 시작했다. 최대한 많은 사람들이 아는 소재에서 한 걸음 더 들어가 깊이 있는 정보를 전하거나, 생소한 분야라면 사람들이 흥미를 가질 만한 포인트가 무엇일지 고민해서 편하게 전달할 수 있도록 풀어내고자 했다. 편하게 접근할 수 있으면서도 한 편씩 볼 때마다 새롭게 얻어가는

| 채널 초반에 올렸던 콘텐츠들. 리치언니라는 캐릭터를 확실히 하기 위해 채널의 정
체성을 보여주는 콘텐츠를 기획하는 데 주력했다.

것이 최소 한 가지는 있어야 한다는 작은 원칙이 생기자 저절로 내 마음속에 있던 쑥스러움이나 완벽주의에 대한 여러 브레이크를 내려놓게 됐다.

'내가 이걸 왜 하지?'에 대한 몇 가지 답을 찾고 나니 채널명은 금방 정할 수 있었다. 우선 틱톡 플랫폼 속 중독적인 댄스나 신기한 짧은 영상들 사이에서 교육 콘텐츠를 가지고 승부를 보려면 채널명이 직관적이어야 한다는 생각이 있었다. 그 생각을 기반으로 하고 경제적 자유를 이루는 것을 실제로 원하는 사람들을 모을 수 있는 단어 중 가장 먼저 떠올린 것은 '부자'였다. 그러나 기회가 된다면 영어로 된 콘텐츠를 꾸준히 만들고 싶었기 때문에 '리치(rich)'를 쓰기로 했다. 마지막으로 친근해야 궁금한 것에 대한 질문도 편하게 할 것 같아서 '언니'라는 호칭을 붙였다. 시작하기 전 채널 정체성에 대해 생각하고 정리한 시간에 비하면 거의 빛의 속도로 채널명이 완성됐다.

꾸준히 하기 위한 심리적 안전장치 만들기

나는 어떤 것을 시작할 때 불타오르는 의지의 지속성에 대해 믿지 않는 편이다. 그래서 꼭 꾸준하게 해야 하는 일이 있다면, 중간에 그만두지 않기 위한 다양한 장치를 스스로 만들어두곤 한다.

175

틱톡에는 좀 더 강력한 장치가 필요했다.

이때 던진 질문은 다음과 같았다. '틱톡의 아름다운 춤의 향연 속에서 아무도 리치언니의 교육 콘텐츠를 보지 않는다면, 언젠가 봐줄 사람이 나타날 때까지 나는 어떤 마음가짐으로 버텨야 할까?' 우선 나와 가장 가까운 10대, 사촌 동생들을 대상으로 틱톡 사용에 대해 인터뷰를 했다. 흥미롭게도 사촌 동생들은 틱톡은 켜자마자 쏟아지는 자극적인 콘텐츠들 때문에 시간이 순식간에 사라져서 아예 보지 않는다고 했는데, 만약 경제 금융에 대해 재미있는 이야기를 들려주는 채널이 있다면 다시 앱을 다운받아 그 콘텐츠들을 볼 의향이 있다고 답했다.

그럼 최소한 사촌 동생들이 관심을 가질 만한 콘텐츠로 만들어 보자는 생각이 들었다. 동생들을 위해서 만든다는 생각을 갖는다면 꾸준히 할 수밖에 없겠다 싶었다. 실제로 동생들에게 궁금한 것, 알고 싶은 것들이 무엇인지 물어 주제를 선정하기도 했다.

돌이켜보면 초기에 스스로 만들어둔 이런 심리적인 안전 장치들이 리치언니의 캐릭터와 채널 콘텐츠가 자리 잡아 나가는 과정에도 꽤 긍정적인 영향을 미친 것 같다. 귀엽고 똑똑한 동생들이 여러 지식들을 무기로 좀 더 재밌게 세상을 살아가길 바라는 마음. 그런 바람이 곧 리치언니가 추구하는 방향이 된 셈이다.

자아를 내려놓으니 보이는 신세계, 틱톡 문법에 맞는 콘텐츠 탄생

· ·

틱톡이라는 채널이 유튜브나 인스타그램 같은 채널과는 다른 몇 가지 특징이 있다. 숏폼 콘텐츠라는 특성상 분량을 아주 짧게 편집해야 하는 점, 음악, 댄스, 스티커 등의 효과를 다양하게 활용할 수 있다는 점 등이 그것이다. 리치언니도 도전적인 틱톡 환경에 조금씩 적응하며 자연스럽게 틱톡 문법에 맞는 콘텐츠를 조금씩 만들어나갔는데, 그 덕에 리치언니만의 콘텐츠들이 탄생하기도 했다. 겁도 없이 경제 금융 교육 콘텐츠라는 작은 삽을 들고 틱톡 플랫폼에 뛰어든 리치언니가 살아남기 위해 그동안 시도한 실험은 다음과 같다.

자기만의 틱톡 문법, 콘텐츠 전략이 필요하다

| 콘텐츠 전략 1 | 플랫폼의 엔터테이닝 기능을 십분 활용한다

틱톡이라는 플랫폼 자체가 탤런트 쇼를 자연스럽게 지원하는 환경이다 보니 다른 플랫폼이었다면 시도조차 하지 않았을 연기와 춤에 상대적으로 편하게 도전할 수 있다. 특히 이해하기 쉽지

| 네이버와 카카오의 대결 구도를 소재로 한 콘텐츠. 각 기업의 이미지를 의인화한 것이 팔로워들에게 더욱 생생하게 정보를 전달하는 데 큰 역할을 했다.

않은 개념이나 생소하게 느껴질 수 있는 사업 구조, 시장 환경 등을 설명할 때 연기를 활용할 수 있었다. 각 개념이나 법인을 의인화해서 연기하는 방식으로 설명했는데 좋은 반응을 얻었다.

개인적으로는 조회 수가 많은 영상보다 댓글이 많은 영상이 잘된 콘텐츠라고 보는데, 웹툰 시장을 둘러싼 네이버와 카카오의 대결 구도에 대한 콘텐츠가 반응이 꽤 좋았다. 이 콘텐츠는 기획할 때 고민이 많았다. 웹툰이나 웹소설을 잘 모르는 사람들은 시장에 대해 이해하기 어려울 것이고, 반면 잘 아는 마니아들은 내가 어설프게 설명하면 오히려 보는 의미가 없을 것이라고 생각했기 때문이다. 이리저리 생각을 해보다 답이 안 나와서 집 근처 카페에 앉아서 추가 리서치를 했는데, 바로 그때 '급 아이디어'가 떠올라 바로 촬영에 들어갔다. 아이디어의 골자는 '각 회사가 사람이라면 서로에게 어떤 이야기를 할까?'였다.

네이버가 사람이라면 어떤 모습일까? 하고 생각해봤을 때, 웹툰 시장에서는 먼저 각 글로벌 시장을 선점해서 자리 잡고 있으니 약간 보수적이고 성숙한 헤어 메이크업, 동작과 목소리를 가져야 할 것 같았다. 또 카카오는 웹툰 시장에서 빠르게 치고 올라오는 존재니 좀 더 어린 느낌과 개성 있는 스타일, 목소리를 가지면 좋겠다 싶었다. 운 좋게 이 콘텐츠에는 꽤 많은 댓글이 달렸다. 감사하게도 웹툰, 웹소설을 열심히 소비하고 있는 전문가들이 댓글을 정말 많이 달아 의견을 피력해준 덕에 나도 단순 기사나 업계를 통해 접하는 이야기를 넘어 웹툰, 웹소설 시장을 더 입체적으로 이해할 수 있었다.

| 콘텐츠 전략 2 | 촬영과 편집 기술의 묘미를 살린다

틱톡의 가장 큰 장점은 촬영과 편집 과정이 쉽고 빠르다는 점이다. 리치언니 채널의 경우 보통 촬영에는 3분 이내, 편집에는 30분 내외의 시간이 든다. 보통 영상 편집 앱을 이용해 컷 편집과 시각 자료들을 추가하고, 틱톡 플랫폼에서 자막 작업을 마친 후 어울리는 곡을 고르고 업로드하는 식이다.

틱톡커로 데뷔한 초기에 소속 MCN인 메이저스 네트워크 분들의 도움을 많이 받았는데, 전수받은 수많은 꿀팁 중 가장 유용하게 활용하는 것이 바로 '스피디한 컷 편집'이다. 음성이 비는 구간을 없애는 편집 방식인데, 이것을 한 것과 안 한 영상의 차이가 크다. 편집한 영상만 보면 이게 뭐가 좋다는 건지 모를 수 있지만 이것을 거치지 않은 영상을 보면 아주 천천히 말하는 것 같은, 마이너스 2배속 같은 느낌이 든다. 유튜브처럼 영상 속도를 조절할 수 없는 틱톡에서 이렇게 속도가 느리다고 느끼는 사람들은 영상을 보다가 바로 넘겨버릴 것이다.

특정 브랜드를 소개할 때는 그 브랜드의 이미지에 어울리는 메이크업과 스타일링을 연출했다. 짧고 빠르게 지나가는 숏폼 콘텐츠의 경우 정보를 전달하는 과정에서 시각적인 기억도 중요하다고 생각했기 때문이다.

| 콘텐츠 전략3 | 콘텐츠와 어울리는 스타일링을 시도한다

영상을 제작할 때 중요하게 생각하는 것 중 하나가 콘텐츠에 맞는 스타일의 톤앤매너를 시도해보는 것이다. 예를 들어 각 콘텐츠에서 명품 브랜드의 실적에 대해 이야기할 때는 그에 맞는 스타일링을, 실리콘밸리 회사들에 대해 이야기할 때는 캐주얼하면서도 개성 있는 스타일링을 해봤다. 실제로 실리콘밸리에 갔을 때 샀던 맨투맨을 입고 촬영한 적도 있는데, 촬영하며 혼자 많이 웃었다.

1인 다역으로 연기하는 영상을 찍을 때는 각 캐릭터의 특징이 구분될 수 있는 소품이나 스티커를 선택해 다른 분위기를 만들어내기도 했다. 어린이날 콘텐츠를 위해 아기 얼굴을 만들 때는 스냅챗의 베이비 필터를 활용하기도 하고, 각 성향별 안경을 씌우거나, 얼굴에 오이를 붙이기도 했다.

백미는 역시 영상을 올린 후 실시간 댓글을 통해 확인하는 팔로워 분들의 반응이다. 댓글들이 상호작용하는 상황이나 리치언니에 대한 피드백을 흥미롭게 보는데, 이런 부분은 내게 꽤 큰 영향을 줬다. 틱톡이라는 플랫폼 자체의 주요 연령대가 상대적으로 낮아 상대적으로 편견이 없어서일까? 이유는 정확히 모르겠지만, 리치언니 내면에는 어떤 생각이 있는지, 또 어떤 태도로 삶을 살아왔는지 굳이 어필하지 않아도 마치 투명하게 들여다보는 것처럼 캐치해서 댓글을 남기는 경우가 왕왕 있어 혼자 감동하기도 하고 위로를 받기도 했다.

지금도 틱톡이라는 플랫폼을 통해 여러 실험을 하고 있고, 앞으로도 다양하게 실험하며 앞으로 나아갈 것이다. 지금까지의 여

| 1인 다역으로 연기하는 영상을 찍을 때는 각 캐릭터의 특징이 구분될 수 있도록 연출
했다. 굳이 메이크업이나 소품이 없어도 필터 어플을 활용할 수 있다.

정에서 느낀 점은 굳이 채널을 위해서 어떤 특정 이미지를 인위적으로 만들고 거기에 크리에이터와 콘텐츠를 끼워 맞출 필요가 없다는 것이다.

틱톡에서 어떤 채널을 운영하고자 한다면 처음부터 내가 어떤 캐릭터를 만들어야 할까 골몰하는 것보다 내가 이 채널을 왜 하는지에 대한 이유를 대강이라도 찾는 과정이 필요하다. 그 답을 기반으로 채널에서 내 생각과 가치관을 콘텐츠를 통해 있는 그대로 보여주고, 그것이 팔로워들과 만나 일으키는 예측 불가능한 스파크와 상호작용을 잘 관찰하면 된다. 그에 따라 채널과 캐릭터의 성격을 함께 만들어 가본다면, 장기적인 관점에서 이 여정이 더 재밌어질 것 같다.

어떤 캐릭터가
오래가는가?

어떤 주제, 콘셉트를 사람들이 좋아할지 정확하게 예측할 수 없다는 사실은 어디서든 기회를 찾을 수 있다는 뜻이기도 하다. 지금은 팔로워가 0명이어도 관심사를 기반으로 이용자들의 피드에 침투하는 틱톡의 강점, 확장성을 활용해 자신이 전하고 싶은 메시지와 그것을 어떻게 전달할지에 대한 고민을 다듬어가는 과정에서 브랜딩은 자연스럽게 이루어진다. 그 브랜딩을 자신의 캐릭터와 연결시킨다면 채널의 정체성을 더욱 탄탄하게 성장시킬 수 있다.

Q&A

금융·경제 분야에서 주목받는 크리에이터
'금융팔로미'의 브랜딩 노하우를 듣다!

⌾

TikTok ID @financefocus

Q 수많은 플랫폼 중에서 틱톡을 선택한 이유는?

A 온라인에 무수한 금융 콘텐츠가 있지만 용어나 내용이 어려워 이해하지 못하는 사람들이 생각보다 많았다. 틱톡은 30초에서 1분 이내로 영상의 길이가 타 플랫폼에 비해 짧다. 그만큼 포인트를 쉽고 명확하게 알려줄 수 있다는 것이 장점이다.

Q 틱톡커라면 예능감이 넘쳐야 할 것 같은데, 어떻게 시작할 용기를 냈는가?

A 오히려 그래서 기회가 있다고 생각했다. 댄스 챌린지들 틈에서 유용한 정보를 간결하게 전달해주는 것에 사람들의 니즈가 있을 것이라 판단했다. 예상대로 금융팔로미 계정 운영을 시작한 지 열흘 만에 100만 뷰 이상의 영상이 나왔고, 다양한 매체에서 인터뷰 요청이 오는 등 반응이 폭발

적이었다.

Q. 15초 안에 채널 정체성을 드러내는 비법은?

A. 첫 2~3초 안에 주목할 만한 주제로 관심을 유도하는 것이다. 코로나 이후 주식 붐과 함께 돈과 금융에 대한 관심이 커졌다. 그래서 정말 실용적이거나 누구나 궁금해할 법한 주제를 다루려고 한다. 더불어 '그린 스크린'이라는 편집 기능을 이용해 영상 도입부에 통일성을 주고 있다. 팔로워들이 원하는 주제를 쉽게 골라볼 수 있게 하기 위해서다.

Q. 100만 이상까지 팔로워를 모으기 위한 브랜딩 전략이 있는가?

A. 금융경제 콘텐츠는 정보성이 강한 만큼 모든 연령대에 어필할 수 있다. 현재는 성인 타깃 콘텐츠를 기획하고 있지만, 앞으로는 어린 친구들에게 돈에 대한 개념을 확립해주는 콘텐츠를 만들어 타깃 연령대를 확장할 예정이다. 내 콘텐츠를 필요로 하는 팔로워 기반을 점점 더 넓혀가는 것이 앞으로의 브랜딩 성장 전략이다!

Q. 틱톡을 시작할지 망설이는 이들에게 해주고 싶은 말이 있다면?

A. 틱톡은 좋은 콘텐츠가 널리 전파될 수 있는 '추천 시스템'을 갖추고 있다. 본인이 당장 다른 플랫폼에서 인플루언서가 아니더라도 콘텐츠가 좋다면 누구나 크리에이터가 될 수 있다. 틱톡은 어려운 플랫폼이 아니다. 춤이나 연기를 잘해야만 하는 것도 아니다. 내가 아는 정보를 짧게 공유하는 것만으로도 많은 이들과 소통할 수 있다.

KNOWHOW 04

"유익하게 놀 수 있는
공간을 만들어라"

과학쿠키
@snceckie

#과학교육영상PD #과학을쿠키처럼 #지식커뮤니케이터

#유튜브크리에이터 #이제과학틱톡커

틱톡에서 교육 콘텐츠가 살아남을 수 있을까?

유튜브를 보다 보면 때로는 채널의 프레젠터, 즉 진행자가 채널의 성격과 주제뿐만 아니라 해당 시청 연령을 좌우하는 것처럼 보인다. 사실상 최적화된 추천 영상 시스템은 역설적으로 성별과 연령별, 그리고 카테고리별 콘텐츠의 천편일률적인 모습을 야기한다. 즉, 다양한 채널을 기반으로 개인의 성향과 관심을 파악하는 구글이 대상자의 취향을 자연스레 안내하는 형태는 개개인의 취향을 잘 맞춰주는 것처럼 보이지만, 많은 사람들을 연령을 초월해 엔터테인먼트의 밈 속으로 끌어들이는 데에는 근본적인 지점부터 한계가 있다. 바로 이 지점으로부터 '틱톡'이라는 플랫폼의 강점이 작동한다.

처음으로 틱톡 제의를 받았을 때는 상당히 곤혹스러웠다. 단 1분 만에 콘텐츠를 생산하는 것은 지식 플랫폼으로 소통하는 과학쿠키와 전혀 맞지 않을 것 같았고, 더욱이 그 짧은 시간 안에 재미와 내용을 다 담아낼 자신이 없었기 때문이다. 전자는 핑계고, 후자가 본심이었다. 그러나 제안을 바로 거절하진 않았다. 우선 틱톡은 어떻게 영상을 추천해주는지, 현재 틱톡 내에서의 소위 '먹히는' 콘텐츠는 무엇인지 확인하기 위해 추천 피드를 시청해보았다.

그 결과 틱톡은 단순하고, 자극적이면서, 전형적으로 외모지향적인 콘텐츠 플랫폼 같다는 느낌을 받았다. 이곳에서 과학쿠키가 과연 어떤 콘텐츠를 보여줄 수 있을지 생각했다. 처음에는 자신 있는 손 그림으로 아기자기한 매력을 보여주고자 시도했다. 생각보다 결과물은 잘 나왔지만, 기대만큼의 성과가 발생하진 않았다.

왜 그랬을까? 스스로 결과를 분석해보았을 때 원인 중 하나는 틱톡을 시청하는 연령대와 시청 스타일의 특성을 고려해 훨씬 더 쉬운 수준으로 콘텐츠를 디자인하고 제작하지 못했다는 것이었다. 처음에는 손 그림을 활용하여 도전적이면서도 흥미로운 문제를 내면 남녀노소 할 것 없이 손쉽게 접근할 것 같았고 성취욕을 불러일으킬 줄 알았는데, 그런 생각 자체가 욕심이었던 것이다.

바로 이전 플랫폼에서의 습관, 그리고 교육 플랫폼이 되어야 한다는 강박 때문에 이런 문제가 나타난 것 같았다. 이 방식을 탈피하지 않으면 1분도 안 되는 시간 동안 재미를 선사하기는커녕, 승산 자체가 없을 것 같았다. 또한 틱톡 플랫폼의 시청자들은 생각보다 손 그림에 매력을 느끼지 못한다는 것도 문제였다. 타 플랫폼, 즉 유튜브에서 잘 먹히는 콘텐츠가 틱톡이라는 새로운 플랫폼에서도 무난하게 잘 먹힐 것이라 섣불리 판단했었다. 새로운 전략이 절실했다.

| 유튜브와 같은 방식으로 만들었지만 틱톡에서 반응이 없었던 콘텐츠.

과학 정보와 숏폼 콘텐츠의 만남

콘텐츠 기획의 순간부터 모든 욕심을 내려놓고 다시 기획에 임했다. 순수하게 재미를 추구하는 것이 목적이었다. 아주 짧은 순간에 '우와'라는 소리를 자연스럽게 자아낼 수 있는 방식, 간단하지만 주변에서 쉽게 보지 못하는 현상을 10초도 안 되는 설명과 함께 보여주는 방식을 택했다. 이러한 방식을 잘 활용한다면, 충분히 1분 남짓 되는 시간 동안 자극적인 흥미와 교육적 가치를 담아낼 수 있을 것이라고 판단했다. 실제로 이 전략은 아주 잘 먹혀들어 유의미한 성과를 냈다.

'순수하게 재미를 추구하려면' 어떻게 해야 할까? 나는 평소에 흔히 하지 못하는 경험을 콘텐츠에 녹여 선사해주고자 했다. 공대생이라면 누구나 악명 높다고 여길 만한 과목인 유체역학, 그중에서도 '층류'라는 현상을 선택한 것이 그런 아이디어에서 비롯되었다. '층류' 현상은 매우 드물게 관찰된다는 특성도 있지만, 교육적 가치를 떠나 남녀노소를 불문하고 누구에게나 상당히 기묘한 경험을 선사해준다. 마치 얼음처럼 굳어 있는 줄 알았는데 매끄럽게 흐르는 유체를 보면 카타르시스마저 느껴지기 때문이다. 층류 영상은 지금까지 200만이 넘는 조회 수를 돌파해냈다.

이 경험은 나의 사고 언저리에 고정관념처럼 박혀 있던 무언가를 깨뜨리는 결정적인 계기가 되었다. 틱톡에서 얻은 영감은 자연스레 유튜브 플랫폼의 콘텐츠를 개발하는 방법으로 이어졌고, 이러한 사고의 전환과 시너지는 유튜브 고정 시청자 층의 대변동을 일으킬 만큼 새롭고 참신한 경험을 선사해줬다.

한편 틱톡 콘텐츠를 제작하고 운영하는 측면에서도 도움이 되었다. 유튜브라는 플랫폼에서 행했던 영상 제작 스킬 등이 자연스럽게 틱톡 콘텐츠로 계승되어 새 플랫폼에서의 콘텐츠 생산이 가능해진 것이다. 다양한 장소에서 견문을 넓혀야만 더 폭넓게 사고할 수 있다는 말이 맞다. 나에게 전혀 맞지도 않아 보이고 앞으로도 관심 없을 것 같았던 플랫폼에서 인사이트를 얻어 콘텐츠 개발의 안테나를 곤두세우게 되리라고는 상상도 못했다.

'모든 개념을 상세히 설명하지 않아도 좋다. 단순하지만 특별한 경험을 선사해주자. 그리고 그 경험이, 학습 현장에서 배울 수 있는 내용과 맞닿아 있다는 사실만 살짝 맛보게 해주자.' 이러한 방식을 통해 1분도 안 되는 시간에 '과학'이라는, 어찌 보면 따분하기만 한 주제로 사람들과 즐겁게 놀 수 있었다. 그리고 공유 가능한 노하우를 만들 수 있었다.

사실 해답은 좀 더 가까이에 있었는지도 모른다. 틱톡이라는 플랫폼은 힘들이지 않고 편안한 마음으로 즐길 수 있는 형태의 콘텐츠가 먹히는, 아주 냉철하지만 인간의 본능을 잘 보여주는 곳이

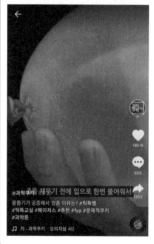
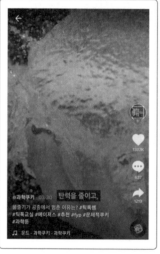

| 틱톡에서 처음으로 100만 뷰에 성공한 '층류' 콘텐츠. 이를 통해 틱톡에서 지식 콘텐츠를 효과적으로 전달하는 방법에 대한 힌트를 얻었다.

다. 이러한 특성 안에서, 보다 보편적인 인간 내면의 욕구를 좀 더 깊이 파고들어 콘텐츠의 기획에 영향을 준 것이 틱톡에서 교육 콘텐츠로 성공한 비결이 아닐까 싶다.

과학 콘텐츠로 가능한 채널 브랜딩

과학적 호기심의 시작은 '왜?'라는 질문에서부터 시작된다. 나 역시 그랬다. 어린 시절부터 주변의 모든 것들이 궁금증의 대상이었다. 특히 1세대 과학 커뮤니케이터 조경철 박사님이 참여한 저서 『우주는 왜?』를 어린 시절에 읽으면서, 어려운 과학 정보라도 얼마든지 재미있고 깊이 있게 전달할 수 있다는 사실을 배웠다. 돌이켜 생각해보면 당시에는 지금의 SNS 과학 채널과 비슷한 역할을 했던 이런 콘텐츠를 접했던 경험이 내가 교육 채널 크리에이터가 되는 데 큰 영향을 준 것 같다.

채널을 포기하지 않게 해준 확신
·······························

　내가 처음 과학교육 채널을 개설한 것은 2017년 10월이다. 유튜브에서 그 첫걸음을 시작했는데, 당시만 해도 '과학'을 테마로 하는 채널들이라고는 미스터리, 유사과학 채널들이 대부분이었다. 지금의 나를 먹여 살리고 있는 소셜미디어가 당시는 자극적인 형태로'만' 운영되는 것이 트렌드였다. 그런데 사실 어찌 보면 이것이 큰 문제는 아니었다. 당시까지만 해도 유튜브를 '정보'의 플랫폼으로 인지하던 시절이 아니었기 때문이다. 그럼에도 불구하고 이것을 부정적으로 여길 수밖에 없는 이유가 있었다.

　사실 나는 과거에 교사로 근무한 적이 있다. 수업을 진행하다 보면 학생들이 간혹 지식을 올바르지 않게 습득하고 있는 경우를 접하곤 했다. 블랙홀의 질량이 무한대라거나, 특수 상대성이론이 틀린 이론이라고 알고 있는 경우가 그 예다. 그래서 영상 미디어에 예민한 친구들을 대상으로, 수업 시간에는 하기 힘든 이야기들을 편하고 재미있게 볼 수 있도록 영상으로 만들어봐야겠다는 생각을 하게 됐다.

　당시 수업에 외국 영상들을 자주 이용하곤 했는데, 대표적인 과학 유튜브 채널이자 나의 롤모델이었던 '베리타지움(Veritasium)'과 '미닛피직스(MinutePhysics)'처럼 실험 장면을 직접 보여주거나 손 그림으로 원리를 설명하는 방식을 차용하면 국내에서도 충분히 좋은 과학 콘텐츠를 만들 수 있겠다는 자신감이 생겼다.

이런 자신감은 내가 직접 영상을 만드는 데, 심지어 교직을 그만두고 본격적인 크리에이터가 되겠다고 결심하는 데 출발점이 되었다. 영상을 만들고 올리는 모든 과정이 처음에는 부끄러울 정도로 어설펐다. 워낙 손 그림을 좋아해서 잘할 수 있을 줄 알았는데, 카메라 앞에서 무언가를 떠들어야 한다는 것 자체가 부끄럽기도 하고, 초창기에는 촬영을 위해 만든 대본조차 보기 민망할 정도로 엉망진창이었다. 하지만 기왕 시작한 일, 지금이 아니면 이런 일을 언제 해볼 수 있을지 몰랐다. 다시없을 새롭고 즐거운 경험이라는 생각에 제작을 무작정 이어나갔다.

돌아보면 정말 무모하고 과감한 행동이었다. 그동안 일궈온 물리 교육, 교직이라는 경험을 전부 내팽개치고 크리에이터가 되겠다니, 아무리 생각해도 터무니없어 보였을 것 같다. 다행히 교사로서 일하면서 벌어둔 돈이 있었기 때문에 초반에는 어느 정도 생활을 해나갈 수 있었지만, 갈수록 마이너스로 향해가는 통장 잔고가 기나긴 인고의 시간을 만들었다. 내가 남들에게 자신 있게 크리에이터를 하라고 권유하지 못하는 것이 바로 이 시기의 경험 때문이다.

기본적으로 내가 어디로 향하고 있는지, 이 길로 가면 빛을 볼 수 있는지조차 모르는 정보의 바다 속에서 표류하는 초라한 배 위의 선장 같다는 것이 딱 당시의 느낌이다. 절망적이기도 했지만, 나만의 영상 아카이브를 만든다는 신념 아래 계속해서 노를 저을 수 있었던 것이 아닐까 싶다.

어떤 정보를 전하고 싶은지 스스로 질문할 것

내가 사람들에게 전달하고자 했던 것은 크게 세 가지였다. 첫째, 우리가 배우는 과학은 시험을 위한 것이 대부분이지만 실제로는 그렇지 않다는 것이다. 둘째, 과학자도 사람이기 때문에 사람의 생각을 담는 학문인 철학에 영향을 크게 받으며, 때로는 실수도 할 수 있다는 것이다. 셋째, 과학이 대중이 인식하는 것과는 완전히 다르게, 절대 진리의 성격을 가지고 있지 않다는 것이다.

이 세 가지의 내용을 과학사적인 스토리텔링과 프레젠테이션, 그리고 만화 느낌의 손 그림으로 사람들에게 보여주는 것이 채널의 대원칙과 목표였다. 사람들에게 큰 자극과 흥미를 주지 않아도, 조회 수가 낮아도 괜찮았다. 대원칙을 잘 지켜가면서 단 한 사람에게라도 가치를 전달할 수 있다면, 그걸로 괜찮았다.

이 대원칙은 곧 내가 만들고 싶은 과학쿠키라는 채널의 커다란 틀이었고, 이 틀의 모양에 따라 과학쿠키가 점점 더 성장할 수 있을 거라 생각했다. 이런 믿음은 다행히 틀리지 않았다. 이러한 활동을 지속할 수 있는 원동력이 될 수입만 있으면 된다는 마음으로, 욕심내지 않고 천천히 걸어가야겠다고 힘든 시기를 보내면서 계속 마음속으로 내 의지를 되뇌었다.

꾸준함은 배신하지 않는다고 했던가. 영상들이 한 편 두 편 차곡차곡 쌓여가며, 몇몇 사람들에게 과학쿠키라는 채널이 알려지게 됐다. 그리고 이루 말할 수 없이 놀라운 경험을 했다. 평소와 다르지 않은 방식 및 주제로 업로딩했던, '대체 빛의 속도를 어떻게 알아냈을까?'라는 이름의 영상이 일주일 만에 무려 30만 조회수를 찍으며 사람들에게 알려지게 된 것이었다.

원래 300~500명밖에 되지 않았던 채널의 구독자가 이 하나의 영상 덕분에 1만 명까지 늘게 되었다. 또 이 영상 이후로 '과학쿠키'라는 채널이 몇몇 사람들의 입소문을 통해 알려지게 되면서 여러 정부출연연구기관들을 비롯해 KBS, YTN 등의 공영방송, 그리고 정부기관과도 함께 일을 할 수 있게 되었다. 본격적으로 이름도 없는 채널에서 전문 크리에이터로서의 입지를 다질 수 있었던 것이다.

지금의 '과학쿠키'가 만들어진 이야기는 여기까지다. 과학쿠키의 영상을 시청해주신 많은 분들이 '과학을 쿠키처럼'이라는 말의 의미에 대해서 여쭤보시곤 한다. 나는 우리가 학창시절에 소위 시험에 통과하기 위한 도구로, 또는 성적을 위해 단순한 암기 위주로 공부했었던 과학이 때로는 아주 치열하고 또 때로는 감동적인 과학자라는 직업을 가진 사람들의 생생한 역사 이야기임을 알려주고 싶었다. 그래서 '과학을 쿠키처럼'이라는 말은 많은 이들이 '달콤한 쿠키를 먹는 것처럼, 즐겁게 옛날이야기를 듣는 것처럼' 과학을 받아들였으면 하는 작은 소망을 담고 있다.

내가 겪었던 발견의 즐거움을, 그리고 과학자들의 고뇌와 고민의 결과로 인간 지성이 탄생하는 순간을 구독자들과 공유하고 싶다. 이러한 바람이 있어서 '과학쿠키'라는 채널을 기반으로 다양한 활동을 지속할 수 있었던 것 같다. 그리고 콘텐츠 제작 노하우가 더해져 새로운 환경인 '틱톡'이라는 플랫폼에서도 1분이라는 짧은 시간 동안 재미있는 과학지식을 전달할 수 있는 내공을 만들 수 있었다.

Point 틱톡을 어떤 그릇으로 활용할 것인가?

플랫폼마다 성격이 다른 만큼 그에 맞는 방식으로 **콘텐츠를 구성해야 한다**. 콘텐츠를 담는 그릇이 달라질 때 그 그릇의 모양에 따라 다른 모양의 결과물이 나오는 셈이다.

짧고 빠르게 콘텐츠가 구성되는 틱톡에서 과학 정보 콘텐츠를 업로드하며, 숏폼 콘텐츠의 한계가 아닌 또 다른 형태의 콘텐츠가 갖는 새로움을 발견했다. 틱톡을 어떤 매체로 활용하는가에 따라 다른 즐거움을 찾을 수 있는 것이다.

KNOWHOW 05

"꾸준한 업로드가 성공률을 높인다"

송송한 일상

@thddl7214

#레진아트 #일상영상 #힐링영상

취미생활자가 크리에이터로 성장한 동력

· · · · · · · · · · · · · · · · · · · ·

어릴 때부터 나는 만들기를 무척 좋아했다. 할머니가 우유팩을 깨끗이 닦아 말려주시면 그걸 가져다 무언가를 만들었던 것이 시작이다. 그때만 해도 지금처럼 스마트폰이 흔하지 않았기 때문에 내게는 만들기가 거의 유일한 오락거리였던 셈이다.

만들기는 변함없이 나의 취미가 됐다. 직장인이 되고 나서도 퇴근 후에는 미니어처, 액세서리, 아이클레이 등등 이것저것 여러 재료들로 만드는 일에 빠져들곤 했다. 혼자 앉아 시간 가는 줄 모르고 손으로 꼼지락꼼지락 무언가를 만들면서 힘든 일을 모두 잊었다. 만들기를 통해 내 일상에서 가장 큰 기쁨을 맛보았을 뿐만 아니라, 평소 활발하고 집에 가만히 못 있는 성격이었던 나는 만들기를 하면서 많이 얌전해지기도 했다. 그리고 하나를 꾸준히 하지 못했던 내 성격은 틱톡을 통해 레진아트에 대한 꾸준함을 얻고 삶의 밸런스를 찾았다.

내가 좋아하는 것을 기록하고 싶다는 마음

레진아트도 취미생활자인 내가 나름대로 과감하게 도전하며 알게 된 분야다. 내 딴에는 새로운 기술을 배우고 익혀 여러 아이템을 만들었는데, 실패 과정을 거쳐 힘들게 만들어낸 결과물을 완성 후에 그냥 방치해두는 것이 너무 아까웠다. 지금까지 만들어온 것들을 오래오래 기억해두고 싶다는 생각에, 그리고 누군가에게 내가 익힌 방법들을 알려주고 싶다는 생각에 유튜브를 시작하기로 했다.

그런데 유튜브가 생각보다 쉽지 않았다. 직장생활을 병행하며 영상을 촬영하고 편집하는 과정도 쉽지 않았지만, 무엇보다 그렇게 힘들게 만든 영상이 '길다'는 이유로 완성 과정까지 꼼꼼하게 시청해주는 구독자가 많지 않았다. 이런저런 문제 때문에 속상했던 그때 알게 된 것이 바로 틱톡이었다. 1분 남짓한 영상으로 레진아트의 핵심 과정만 찍어 올렸을 뿐인데 재미있게 봐주는 이들이 생각보다 많았다. 조금 용기를 얻어, 만드는 과정부터 완성된 모습까지 작품을 만들 때마다 핸드폰 카메라로 촬영해 올렸다. 편집도 어렵지 않게 시작했다. 거창한 프로그램 없이 어플을 사용해 지루하지 않게 빠른 속도로 보여주는 식이었다.

처음에는 스스로 전문가가 아니다 보니 걱정이 많았다. 어딘가 미흡해 보이지는 않을까, 보는 이들의 기대치를 충족시키지 못하는 것은 아닐까 싶었다. 그런데 많은 분들이 "힐링된다", "기분이 좋아진다"와 같은 댓글을 남겨주었고, 그 피드백들이 모여 내가 틱톡커로서 성장하는 데 큰 역할을 해주었다.

틱톡 콘텐츠를 하나하나 꾸준히 만들면서 나름의 노하우도 생겼다. 내가 아직 부족하게 느껴지는 부분이 있을 때는 예전의 영상과 지금의 영상을 비교해가며 더 나아질 방법을 고민하기도 했다. 건강하게 성장할 수 있도록 피드백을 주는 분들에게 고마운 마음을 표현하기 위해 구독자가 많아질 때마다 그동안 만들었던 레진아트 작품들을 모아 나눔 이벤트를 하기도 했다. 놀랍게도 감사한 마음에 했던 이벤트가 자연스럽게 구독자를 늘리는 계기가 된 적도 제법 많다.

레진아트는 더 이상 낯설기만 한 분야가 아니다. 워낙 많은 채널에서 레진아트를 다루고 있어, 글라스데코나 슈링크아트와 같이 보는 이들이 쉽고 재미있게 따라 할 수 있는 분야에 대해서도 새롭게 콘텐츠를 기획하고 업로드한다. 새로운 콘텐츠에 유익하다거나 재미있다는 댓글이 달릴 때마다 뿌듯한 마음이 크다.

취미생활 크리에이터로서 내가 이만큼 성장할 수 있었던 것은 '사람들이 즐겁게 보고 즐길 수 있는 콘텐츠를 만들겠다'는 마음을 행동으로 옮겼기 때문이 아닐까 조심스레 생각해본다.

어릴 때부터 좋아했던 나만의 취미생활을 꾸준하게 살린 것, 과정까지 전부 보여주는 느린 영상보다 1분 안에 필요한 부분만 빠르고 정확하게 전달하는 영상을 기획한 것, 이로써 새로운 종류의 '힐링 영상'을 만들었던 것이 곧 나만의 성공 비법 아니었을까.

'내가 좋아하는 것을 기록해두고 싶다'는 마음이 '송송한 일상'이라는 채널의 첫걸음이 되었다. 누구에게나 그 첫걸음이 찾아올 수 있다. 음식을 맛있게 먹을 수 있는 사람은 먹방을, 노래를 잘하는 사람은 노래 영상을 만들어보면서 가장 자신 있는 분야를 기록하고 도전하는 마음을 가져보길 권하고 싶다.

내 일상과 콘텐츠를 연결하는 노하우

······················

사실 나는 내 일상이 곧 틱톡 콘텐츠와 연결된다고 할 수 있을 정도로, 평소 레진아트 아이디어를 찾는 데 틈틈이 시간을 할애한다. 레진아트 아이템을 선정할 때 가장 중점적으로 고려하는 것이 사람들의 관심사다. 내가 좋아하는 것, 그리고 다른 사람들이 좋아하는 것이 그때그때 내 일상에 가장 영향을 미친다.

예를 들어 그 시기의 계절감이나 유행하는 색감, 노래 등 나의 개인적인 일상에서 발견할 수 있는 것부터 외부의 요소들까지 그 범위는 제법 다양해질 수 있다. 최근 들어 레진 재료를 파는 쇼핑몰이 점점 늘어나고 있는데, 이런 쇼핑몰에서 인기 있는 아이템이나 관심이 가는 아이템을 찾아보면서 아이디어를 얻기도 한다.

특히 여러 아이디어가 떠오를 때는 계절이 바뀌는 시기이다. 한 계절이 끝나고 새로운 계절이 시작되는 시기에 가장 많은 콘텐츠가 생각난다. 봄에는 벚꽃 패턴이 들어가는 그립톡, 여름에는 청량한 바다 색감의 티코스터, 가을에는 단풍잎 모양의 슈링크아트, 겨울에는 크리스마스에 어울리는 액세서리 등 종류도 다양하게 선정할 수 있다. 이런 식으로 계절이 바뀔 때마다 그때그때 사용하는 음원의 분위기에 맞춰 영상을 제작하면 콘텐츠를 오래 고민하지 않아도 충분히 좋은 아이디어가 나올 수 있다.

개인적으로 직장생활에서 경험한 번아웃, 스트레스를 해소하기 위해 만들었던 레진아트 영상들을 통해 의외로 힐링을 얻는다는 댓글을 본 이후로는 '힐링 영상'을 기획하기도 했다. 이를테면 재료를 아까워하지 않고 퍼붓듯이 넣어보는 것만으로 충족감을 주는 영상, 일정 간격으로 고르게 색상이 퍼지는 영상 같은 것들이었다.

이런 의도로 만든 글라스데코 힐링 영상은 600만 뷰가 넘어갈 정도로 큰 호응을 얻었다. 특히 해외 팔로워들도 많이 늘었다. 글리터, 파츠 등을 아낌없이 넣는 해외 콘텐츠를 보고 내 방식대로 글리터를 쏟아붓는 영상을 만들기도 했는데, 이 역시 반응이 좋았다.

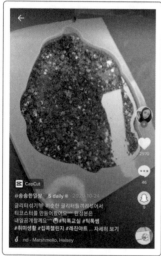

| 반짝이는 소재인 글리터를 아낌없이 사용해 제작한 영상이 뜻밖에 힐링 콘텐츠로 큰 호응을 얻었다.

짧은 콘텐츠, 꾸준히 해야 이긴다

힐링 영상에 호응하는 팔로워들은 대부분 자신이 하지 못하는 것을 보며 만족감을 느낀다는 댓글을 남긴다. 혹은 따라 하고 싶어진다거나, 일상이 지치고 힘들 때 이런 영상을 보면 기분이 좋아진다고도 한다. 이런 댓글 하나하나를 살펴보며 콘텐츠를 기획하고, 일상의 사소한 아이디어 하나하나를 영상에 접목시켜야겠다는 생각을 하게 된다.

나 역시 만드는 것에 즐거움을 느끼고, 영상을 올린 뒤 많은 분들의 좋은 반응에 힐링을 경험한다. 나의 일상이 보는 이들의 일상과 연결되는 순간에 모두가 만족감을 얻게 된다고 믿는다.

무엇이든 꾸준히 해야 이기는 법이다. 나 역시 슬럼프로 힘들었던 시기가 있었다. 직장생활과 개인적으로 힘든 일들이 이래저래 겹쳐 6개월 정도 틱톡을 쉬었다. 언제 다시 시작해야 할지, 다시 시작할 수 있을지 등을 고민하여 이런저런 생각에 빠져 있었을 때 "언제 돌아오세요?" 같은 댓글을 보게 되었다.

단 몇 명이라도 나를 잊지 않고 기다려주고 있다면 다시 시작할 수 있다는 용기가 생겨 마음을 다잡았다. 물론 내가 쉬고 있던 사이 틱톡은 많이 바뀌어 있었다. 나보다 늦게 시작한 틱톡커들이 하루가 다르게 쭉쭉 성장해가고 있었다. 엎친 데 덮친 격으로 다시 영상을 올린 시점부터 구독자가 줄어들기 시작했다. 하루에 많게는 1,000명이 팔로우 취소를 하면서, 쉬기 전에는 18만이었던 구독자 수가 14만까지 뚝 떨어질 정도였다.

다시 포기하고 싶은 마음이 커졌다. 단 몇 명이라도 내 콘텐츠를 기다리고 있다면 괜찮다고 생각했는데, 막상 너무 큰 숫자에 마음이 흔들렸다. 그 무렵 틱톡교실 틱톡쌤으로 활동 중이신 세아쌤을 비롯해 많은 분들을 만나 조언을 받았다. 그리고 다시 처음부터 시작하자는 마음으로, 사람들의 마음을 돌려보자는 마음으로 열심히 영상을 올렸다. 다행히 떨어졌던 지점을 출발점으로 삼아 다시 성장할 수 있었다.

결국은 내가 중간에 포기하지 않은 것도, 다시 시작할 수 있었던 것도 모두 구독자들 덕분이었다. 목표를 항상 10만씩 잡고, 10만 팔로워가 올라갈 때마다 감사 영상을 올리기로 했다. 목표를 10만 단위로 잡아 계속 키워나가다 보니 어느새 팔로워가 60만 명을 넘어섰다.

물론 지금도 계속 성장세이기만 한 것은 아니다. 하지만 100만을 바라보며 하루하루 열심히 하고 있다. 무엇이든 한 번에 이뤄지는 것은 없다. 열심히 노력한 사람에게 좋은 결과가 찾아오기 마련이다. 그냥 보기에는 틱톡 역시 쉬워 보일지 모르지만 많은

| 팔로워 수가 10만씩 늘 때마다 감사 표현의 영상을 올려, 직접적으로 메시지를 전달하고자 했다. 지속적으로 팔로워들과 소통하는 창구를 만들 필요를 느꼈기 때문이다.

크리에이터들이 꾸준히 연구하고 노력하고 있다. 직장생활과 병행하기에 크리에이터라는 업이 쉽지는 않다. 그러나 틱톡은 짧은 영상이 매력적이고 영상 제작에 많은 도움을 주는 어플이라 접근성이 비교적 좋은 편이다. 누구나 도전할 기회를 주는 플랫폼이라는 점을 충분히 활용하여 크리에이터라는 자신의 또 다른 모습을 찾아가길 바란다.

Point 무엇을 어떻게 기록할 것인가?

'일상을 기록한다'는 생각이 꾸준한 업로드와 콘텐츠 성공으로 이어졌다. 처음에는 자기 주변에서 사소하게 찾을 수 있는 것으로 주제와 분야를 선정하라고 권하는 것이 이 때문이다.

또한 그러한 생각 덕에 일상적으로 만들어온 레진아트 영상이 힐링 콘텐츠로 거듭날 수도 있었다.

KNOWHOW 06

"소통이 곧 브랜딩의 시작이다"

어비

@uhbee_tok

#틱톡커변신 #IT오타쿠 #가족크리에이터 #소통의정석

가족 유튜버에서 IT 전문 틱톡커로 변신

유튜브와 틱톡은 동영상 플랫폼이라는 같은 영역 안에 있지만 사실상 타깃층, 보게 되는 이유 등은 많이 다르다. 유튜브는 모든 독자층과 모든 카테고리를 다 가지고 있다면 틱톡은 그중 일부 타깃을 더 깊이 있고 전문적으로 파고들었다고 볼 수 있다. 어비 역시 틱톡커로 데뷔하면서 조금 더 전문적이고 색다르게 변하려고 했다. 유튜브에서 틱톡으로 이동하는 데 필요한 전략을 다음과 같이 도출해보았다.

틱톡으로 채널을 전환하며 고민한 전략들

첫째, 채널 기획 의도에 맞는 타깃과 콘텐츠를 찾는다.

틱톡에서는 전문성을 높여 성인을 타깃으로 한다는 점을 채널 성격에 반영하고자 했다. 유튜브와 다른 모습을 보여주기 위해 성격을 변경하는 것이다. 운영 중인 '루루체체 TV' 채널을 '루루체체 게임즈'라는 이름으로 변경하며, 기존에 해왔던 (아이들과 함께 하는 일상) 콘텐츠가 아닌 모바일 게임 플레이 영상을 찍기 시작했다. 또한 아빠로서 목소리 정도만 출연하던 모습에서 벗어나 직접 출연을 하기도 하고 때로는 아빠 혼자 콘텐츠를 찍으며 타깃 변경을 꿈꿨다. 콘텐츠를 변경하고 나서는 간혹 길거리에서 중학생들이 알아보는 일도 생겼다.

틱톡으로 채널을 옮기되 성인으로 타깃을 바꾼다면 기존에는 아이들 타깃이었던 것에 비해 더 다양한 콘텐츠를 기획하고 제작할 수 있으며, 이를 통해 더욱 다양한 비즈니스 모델을 만들 수 있다. 예를 들어 IT 트렌드 중 메타버스에 대해서 이야기를 한다면, 초등학생 대상으로는 콘텐츠를 만들기 어려울 것이다. 그러나 성인층도 고려해서 만든다면 좀 더 다양한 콘텐츠 제작이 가능하다. 그리고 이를 통해 메타버스 전문 업체로부터 협찬이나 브랜디드 광고를 받아서 제작할 기회가 생긴다.

둘째, 틱톡에서 가족 콘텐츠를 시도할 타이밍을 모색한다.

틱톡에서는 초등학생과 같은 미성년자가 혼자 출연하게 되면 채널이 삭제된다. 그렇기 때문에 부모가 함께 출연하는 것이 좋다. 미성년자가 혼자서 출연하고 채널을 운영한다는 생각이 들게 하면 안 된다. 유튜브에서는 아이만 출연하는 경우 아동용 영상으로 인식하여 맞춤형 광고와 외부 노출이 안 되는 방식이 적용되지만, 틱톡에서는 영상과 채널이 삭제되는 모습을 주변에서 많이 볼 수 있었다.

셋째, 숏폼 콘텐츠의 트렌드에 익숙해지는 것이 우선이다.

대표적인 숏폼 플랫폼인 틱톡에 익숙해지는 것이 우선이라는 판단을 내린 뒤, 어비만의 단독 채널을 진행해보는 것을 고려했다. 틱톡에서 정보 전달을 하는 이용자들은 많지 않다 보니, 틈새 시장을 공략해보기로 했고, 숏폼 콘텐츠로 IT 정보를 전달하는 채널로서 자리 잡기 시작했다. 보통 일주일 동안의 IT 트렌드와 디자인 노하우 등 일반인들도 쉽게 알 수 있는 내용을 숏폼으로 구성하고 제작한다. 아이들의 일상적인 모습을 자연스러운 롱폼으로 전달했던 유튜브와 달리, 숏폼으로 핵심 정보만 전달하는 틱톡에서 새로운 트렌드를 체득하고 있다.

위와 같은 단계를 거쳐 유튜버에서 틱톡커로 변신하기 위한 전략을 정리하면서, 새로운 방식으로 신규 채널을 시도하게 되었다. 기존 틱톡을 즐기는 사람들의 연령층이 올라가고 있으며, IT 관련 트렌드와 교육성 콘텐츠를 만들면서 사회에 좋은 영향력을 끼칠 수 있다는 생각이 들었기 때문이다. 무엇보다 숏폼 콘텐츠라는 새로운 형태에 관심을 갖게 된 것이 큰 이유였다.

차차 가족 틱톡 채널도 시작하기 위해 준비하고 있다. 이미 루루체체 이름으로 틱톡을 만들어놨으며, 어비 채널을 통해 얻은 노하우를 루루체체 틱톡에서도 활용해서 키워보려 한다. 틱톡에서 또 어떤 모습으로 성장해나가게 될지, 어떤 브랜드를 만들어나가게 될지 기대가 된다.

어비의 틱톡 촬영과 편집은 이렇게 한다

❶ 영상 촬영 장비

영상 촬영에는 캐논 미러리스 카메라를 활용한다. 틱톡 앱에서 바로 촬영하는 방식은 이용하고 있지 않다. 화질과 편리한 편집을 위해서이다. 간단한 촬영 및 편집은 틱톡 앱에서도 충분히 가능하지만, 품질이 좋은 영상을 만들려면 별도 카메라를 사용하는 것을 추천한다.

| 촬영 장면. 틱톡은 세로 화면이므로 카메라도 세로로 놓고 촬영을 해야 한다.

보통 30초~1분 사이의 영상 결과물을 위해서는 2분 정도의 촬영본을 준비한다. 물론 NG 컷 포함해서이다. 사전에 대본을 써놓거나 즉흥적으로 대사를 말하면 되는데, 짧은 시간에 정확하게 말을 하려면 가능한 한 대본을 미리 써놓는 것을 추천한다.

❷ 편집 앱 활용

나는 어도비 프리미어를 매우 잘 다루는 편이지만, 틱톡 편집을 할 때는 사용을 하지 않는다. 모든 편집은 모바일 앱에서만 한다. 짧은 영상인 만큼 스마트폰 앱으로도 충분하다고 판단한다. 내가 추천하는 것은 '캡컷(Cap Cut)'이라는 앱이다. 이는 틱톡의 모회사인 바이트댄스에서 제작한 것으로 무료 앱

| 캡컷(Cap Cut) 앱으로 편집하는 모습

임에도 각종 글자 효과와 트랜지션(화면 전환 효과) 등이 가능하고 품질이 좋다.

함께 보고, 함께 만드는 콘텐츠의 핵심

틱톡이든 유튜브든 콘텐츠 기획의 출발점은 사실 비슷하다고 볼 수 있다. 그 출발점은 바로 '누구에게 어떤 영상을 보여줄 것인가', 그리고 '어떻게 나만의 콘텐츠를 만들 것인가'다. 이것은 곧 브랜딩이라는 최종 목적과 연결된다.

틱톡에도 육아·가족·키즈 영상이 많아지고 있고, 이런 성장 추이는 앞으로 계속될 것이다. 나는 유튜브에서 틱톡으로 새롭게 도전하면서 루루체체 TV에서의 콘텐츠 기획 노하우가 틱톡에서도 유효할 것이라 생각했다. 그러한 입장에서 가족이라는 단위로 콘텐츠를 기획하고 브랜딩을 추구할 때 중요한 키워드를 소개하고자 한다.

틱톡에서 '육아'와 '키즈'는 서로 다른 분야이다. 육아 관련 콘텐츠의 타깃은 성인이며, 30대 이상, 아이를 키우는 부모이다. 그렇기 때문에 육아 콘텐츠는 부모들이 공감할 수 있는 주제로 만드는 것이 중요하다. 예를 들어 아빠에게 아이를 맡기면 안 될 때, 이유식 만드는 노하우 등 공감대가 가장 중요한 테마를 고르는 것이다. 유튜브에서 루루체체 TV를 시작할 때의 노하우를 틱톡에서도 적용해보았다. 이를테면 단순히 아이들이 장난감 리뷰를 하거나 동물원에 방문하는 장면을 찍기만 하는 것이 아니라, 아빠가 직접 출연해 아이들과 같이 노는 콘텐츠를 만들어 '아빠는 아이들과 잘 놀아주지 않는다'는 생각을 비트는 데 주력했다. 틱톡커로 변신을 꿈꾸면서도 이 부분은 놓치지 않았다. 아직 초기 단계이지만 루루체체 틱톡 채널의 영상을 보면 아빠와 딸들이 함께 웃긴 표정도 지으며 유행하는 춤을 추면서 놀고 있다. 영상을 올리다 보면, 기존 팬들이 찾아와서 댓글 등을 남겨준다.

"어! 루루체체다! 틱톡에서도 보니까 반갑네요!"

사실 이런 댓글을 보며, 루루체체 틱톡 채널을 기존 유튜브와 완전히 다르게 진행하기도 어렵겠다는 생각도 들었다. 고정 팔로워들이 유튜브에서 틱톡으로 넘어오는 경우가 적지 않아, '루루체체'라는 브랜드를 통일해야 한다는 필요성을 느꼈기 때문이다.

만족감 | 혼자 만들고 혼자 만족하면 안 된다
··

혼자가 아니라 여럿이서 콘텐츠를 기획, 제작하는 경우라면 무엇보다 브랜드의 통일성을 지키는 데 유의해야 한다. 그리고 구성원들이 브랜드에 대해 합의를 이뤄야 하기 때문에 소통이 중요하다. 이 합의의 기준에서 중요한 것이 바로 콘텐츠를 기획하고 만드는 사람들이 얼마나 어느 정도 만족하느냐이다. 특히 루루체체 같은 가족 크리에이터의 경우에는 구성원들 가운데 아이들이 있기 때문에 이런 것이 무엇보다 중요했다.

10세 이하의 자녀를 키우는 30~40대 아빠들은 과거의 보수적인 아빠 모습보다는 아이들과 적극적으로 같이 놀 수 있는 방법을 찾아다니며 직접 같이 놀고 시간 보내기를 추구한다. 함께 요리를 할 수도 있고, 책을 볼 수도 있으며, 어딘가로 여행을 갈 수도 있다. 하지만 부모들은 현실적으로 매번 항상 같이 요리를 할 수도 여행을 갈 수도 없다. 이럴 때 아이와 함께 할 수 있는 것이 무엇인지 어떻게 찾으면 될까?

첫째, 아이가 좋아하는 것이 무엇인지 파악해보자. 단연 스마트폰을 뺄 수가 없다. 보통 아이를 키우면서 같이 놀아주기 힘들 때 부모들이 가장 많이 하는 행동 중 하나가 스마트폰을 아이에게 넘겨주면서 게임 혹은 유튜브 영상을 틀어주는 것이다. 그러다 보면 아이들이 자연스럽게 영상 콘텐츠를 만나게 되고, 이를 보고 자란 아이는 자신도 영상 속에 나오고 싶어 하는 심리가 생긴다. 마치 우리가 어릴 적 TV에 나가고 싶어 했던 마음과 비슷하다. 이런 식으로 자신의 아이가 현재 관심을 가지고 좋아하는 것을 찾으면 된다.

둘째, 아이와 함께 지속적으로 할 수 있는 것을 모색해야 한다. 아이를 위해 만들어주는 영상 콘텐츠를 예로 들어보자. 부모에게도 사진이나 영상 촬영 자체는 부담이 된다. 하지만 이러한 행위가 사업이 아니고 아이에게 추억을 만들어주는 것이라고 생각하면 그것만으로도 충분하다. 아이만 도전하게 하지 말고 부모도 함께 도전하고 즐기는 모습을 보여줘야 아이도 이를 통해 배우는 것들이 많아진다.

틱톡에서도 마찬가지의 룰이 적용된다. 유튜브보다 짧은 콘텐츠 안에 모든 걸 다 담아내야 한다는 욕심을 갖기보다 아이, 즉 함께하는 사람들과 같이 만들고 같이 만족하는 콘텐츠가 더 호응을 이끌어내야 한다. 그리고 이러한 콘텐츠가 브랜딩으로서 가치를 가질 것이라는 생각을 가져야 한다.

아이들과 함께 콘텐츠를 만들고 영상을 운영하며 가장 무겁게 느끼는 점은 처음부터 끝까지 '소통'이 중요하다는 것이다. 아이들은 자신이 원하는 것을 뚜렷하게 표현하는 데 서툴다. 영상을 기획할 때 아이들의 희망 사항을 반영하고 싶다는 생각이 든다면 찬찬히 그 바람을 구체화하는 과정부터 거쳐야 한다.

또한 아이들이 원하는 것을 말로 표현할 방법을 알려주는 것도 놓쳐서는 안 된다. 친구들이 저마다 유튜브에 영상을 올리는 것을 보면서, 아이들 역시 자신의 영상을 만들고 싶어 했다. 하지만 첫째는 부끄러움이 많아 얘기를 잘하지 못했고, 촬영 도중에도 멀뚱멀뚱 있기 일쑤였다. 그나마 "안녕~ 오늘은 ○○을 가지고 놀아볼게요" 같은 인사말 정도는 할 수 있었다. '캐리의 장난감 친구들'의 영향력 덕분이었다.

이때부터 고민을 많이 했다. 아이를 위해 촬영을 시작했지만 영상의 사업성, 퀄리티, 재미 등을 바로 뽑아내고 싶어 했다는 것에서 어쩔 수 없는 욕심을 보게 됐다. 그래도 '루루체체'라는 브랜드를 만들어 아이들이 상투적이지 않고 자연스럽게 자신이 뭔가를 하고 있다는 것을 느끼게 해주고 싶었다. 적어도 아이들이 스스로 캐리 같은 존재라고 느끼길 원했다. 그래서 아이들 스스로 재미를 느끼면서 찍고 싶은 것들을 만들기를 원했다. 영상의 길이가 10분이건 60분이건 결과물을 지속적으로 아이들에게 보여줬다. 아이들이 원하는 것을 자유롭게 표현하도록 유도하는 것이 핵심이었다. 먹방을 촬영할 때면 영상 중간에 질문으로 아이들의 생각을 듣기도 했다. 다음과 같이 자연스럽게 아이들의 생각을 이끌어내는 방식도 가능할 것이다.

어비 : 불닭볶음면 맛 어때?

아이들 : 매워.

어비 : 어떻게 매워?

아이들 : 그냥 매워.

어비 : 비빔밥 고추장처럼? 아니면 떡볶이? 아니면…… 무슨 맛 같아?

아이들 : 너무 매운데 자꾸 먹고 싶은 맛이야.

어비 : 다음에도 또 먹을 거야?

아이들 : 응, 너무 매워서 입술이 좀 아프긴 한데, 그래도 계속 먹고 싶은 맛이야. 신기하네.

영상이 80개쯤 쌓이자 아이가 조금씩 성장한 모습을 볼 수 있었다. 자신이 어떻게 말을 해야 할지 고민하고 다른 크리에이터

영상을 보며 남들과 다른 표현을 구사하기 위해 공부하기 시작했다. 이로써 스스로 터득하도록 도와주는 소통이 더 중요하다는 것을 느끼게 됐다.

상대가 아이든 어른이든, 이런 소통 방식은 별반 다르지 않으리라 생각한다. 함께 콘텐츠를 만드는 상대의 의도를 이해하고 조율해나가는 것! 공동 기획자가 있는 콘텐츠라면 이 점은 반드시 생각해야 한다.

| 아무리 가족 크리에이터라 해도, 부모가 모든 기획의 결정권자는 아니다. 의사결정 과정의 소통은 공동 기획자가 있는 콘텐츠라면 반드시 감안해야 하는 부분이다.

콘텐츠 제작 경험을 통해서 가족들의 소통 방식 역시 크게 변화했다. 이제 아빠, 엄마, 루피나, 체라가 다 함께 아이템 기획, 대사, 촬영 방법 등을 논의하게 됐다. 자연스럽게 가족이 함께 이야기하는 시간이 늘었다. 서로 아이디어 내며 싸우기까지 하니 얼마나 신기한 일인가 싶다. 결국 기획부터 제작, 브랜딩까지 모든 단계에서 중요한 것은 소통이다. 만드는 사람이 혼자가 아니라 여럿이라면 함께 원하는 방향성을 조율해나가기 위해 소통해야 하고, 콘텐츠를 통해 구독자가 원하는 것을 조율해나가기 위해 소통해야 한다. 이 과정에서 조급함은 금물이다. 상대의 니즈를 제대로 파악하기 위해서는 성급하게 예측하는 대신 찬찬히 들어주고 관찰하는 것부터 시작해야 한다.

참으로 전형적이고 뻔한 말이라 중요한 줄 몰랐던 '소통'이라는 말의 무게를, 아이들과 함께 콘텐츠를 만들며 몇 번이나 절감하게 된다.

공동 기획, 수익은 어떻게?

❶ 주요 수익 구조

가족 크리에이터의 대표적인 수익은 브랜디드 수익이다. 브랜디드 수익은 팔로워 수에 따라 다를 것으로 알려져 있지만, 사실 구독자 수라는 수치보다 인지도가 큰 영향을 미친다. 그래서 틱톡 이용자들은 팔로워 수를 늘리기보다 인지도를 올리는 방법을 고민한다. 가장 기본은 노출도다. 수많은 이용자에게 어떻게 하면 노출될 수 있는지를 고민해야 한다. 그러면서도 기본에 충실해야 한다.

❷ 수익이 유일한 목표인가

가족 콘텐츠는 수익을 좇는 것이 아니라 아이와 함께 놀기 위한 방법 중 하나가 되어야 한다. 돈을 바라는 부모의 욕심은 채널을 파괴하고, 아이의 성장에도 영향을 미친다. 공동 파트너가 있다면 채널 운영 초기 단계부터 목표에 대해 소통하는 것이 좋다. 수익이 우선인지, 혹은 다른 것이 우선인지 서로 명확히 이해하는 것이다.

Point

누구와 어떻게
함께할 것인가?

장기적으로 함께 갈 파트너가 있다면 브랜딩 역시 개인이 아니라 공동의 개념으로 생각해야 한다. 어비 틱톡 채널은 혼자 시작했지만 앞으로 루루체체 TV와 같이 아이들과 함께하는 것을 고민하고 있다.

함께 갈 이가 가족이든 지인이든, 파트너십을 견고히 하기 위해서는 서로의 관심사와 생각을 계속적으로 확인하는 과정을 간과해서는 안 된다.

Q&A

심리상담 분야에서 주목받는 크리에이터

'루나톡'의 브랜딩 노하우를 듣다!

◦

TikTok ID @runa_unni

Q 수많은 플랫폼 중에서 틱톡을 선택한 이유는?

A 틱톡은 영상 편집에 서툰 이들을 위한 반조리 밀키트와 같다. 틱톡에 도전한 이유도 소위 '똥손'이라도 콘텐츠 제작에 승산이 있다고 생각했기 때문이다. 금방 포기하지 않은 것 역시 편의성 덕분이었다. 가령 야식을 먹고 얼굴이 퉁퉁 부은 날도 메이크업, 얼굴 크기 편집 기능의 힘을 믿으면 되니까. 허들이 낮은 챌린지로 수익을 끌어낼 기회도 있어서 동기부여도 되니 최소한 일석삼조는 가능한 셈이다!

Q 틱톡커라면 예능감이 넘쳐야 할 것 같은데, 어떻게 시작할 용기를 냈는가?

A 채널이 다양해지면서 팔로워의 시각도 다양해진 덕분에, 비교적 예능감이 적은 심리상담 콘텐츠를 원하는 사람도 있다는 걸 알았다. '짚신도 제 짝이 있다'라는 말이 있지 않은가. 어딘가에는 내 채널을 좋아해주는 이들도 있을 거라고 믿고 시작했다.

Q 15초 안에 자기만의 정체성을 드러내는 비법은?

A 사실 나는 말이 많은 편이라 30초 내외 정보성 콘텐츠를 만드는 게 쉽지 않았다. 유명한 틱톡 채널의 콘텐츠를 두루 살펴보며 한 가지 배운 것이 있다면 거두절미하고 '핵심'만 말하는 방식이다. 전달하려는 내용의 키워드를 추출한 뒤, 3초당 1개의 키워드가 등장하도록 스크립트를 작성하며 콘텐츠를 만들었다.

Q 100만 이상까지 팔로워를 모으기 위한 브랜딩 전략이 있는가?

A 팔로워의 관심사를 꼬리 물듯이 찾아보는 것이 중요하다. 다른 채널에 비해 성장세가 더딘 것 같아 의기소침해졌던 무렵 댓글 하나하나가 소중했다. 댓글 내용, 팔로워들의 성향을 파악해 그들의 관심사를 찾는 데 집중했고, 이걸 기획에 반영하다 보니 자연스럽게 반응이 '터지는' 콘텐츠가 나왔다.

Q 틱톡을 시작할지 망설이는 이들에게 해주고 싶은 말이 있다면?

A 자신의 카테고리에서 '에펠탑'이 되는 걸 목표로 하면 된다. 퍼스널 브랜딩의 핵심은 반복과 지속이다. 처음에는 흉물스러운 철제구조물로 취급당했던 에펠탑이 사람들에게 반복적으로 노출되면서 파리의 랜드마크가 된 것처럼, 반복적으로 콘텐츠를 올리다 보면 단순 노출 효과로 인해 사람들의 관심과 경험이 생기면서 하나의 브랜드로 기억될 수 있다. '심리상담' 하면 루나톡이 떠오르는 것처럼!

| 참고문헌 |

1. https://www.the-pr.co.kr/news/articleView.html?idxno=44683

2. https://www.businessofapps.com/data/tik-tok-statistics/

3. Sensor Tower, 2020

4. https://outstanding.kr/tiktokformat20200522

5. Sensor Tower, 2020

6. AppTrace, Globalwebindex, 2019/2020

7. Statista, 2020 / Oberlo https://www.oberlo.com/blog/tiktok-statistics

8. Globalwebinex, 2019

9. Statista, 2020

10. https://www.bbc.com/news/health-38896790

11. https://www.tandfonline.com/doi/abs/10.1080/23279095.2019.163353
   5?journalCode=hapn21
   https://www.warc.com/newsandopinion/news/gen-z-is-better-at-
   recalling-ad-content-than-older-consumers/44086

KI신서 9880

틱톡, 숏폼으로 브랜딩하다

1판 1쇄 인쇄 2021년 8월 18일
1판 1쇄 발행 2021년 8월 27일

지은이 김가현, 김지윤, 김송이, 송태민, 이훈석, 이효종, 유미라, 장동선, 전아림(메이저스 네트워크)
펴낸이 김영곤
펴낸곳 (주)북이십일 21세기북스

출판사업부문 이사 정지은 **정보개발본부 본부장** 이남경
뉴미디어사업1팀장 이지혜 **뉴미디어사업1팀** 이지연 강문형
디자인 디박스
영업팀 김수현 최명열
마케팅팀 배상현 김신우 한경화 이보라
제작팀 이영민 권경민

출판등록 2000년 5월 6일 제406-2003-061호
주소 (10881) 경기도 파주시 회동길 201 (문발동)
대표전화 031-955-2100 **팩스** 031-955-2151 **이메일** book21@book21.co.kr

(주)북이십일 경계를 허무는 콘텐츠 리더

21세기북스 채널에서 도서 정보와 다양한 영상자료, 이벤트를 만나세요!
페이스북 facebook.com/jiinpill21   포스트 post.naver.com/21c_editors
인스타그램 instagram.com/jiinpill21   홈페이지 www.book21.com
유튜브 youtube.com/book21pub

서울대 가지 않아도 들을 수 있는 명강의! 〈유니브스타〉
유니브스타는 〈서가명강〉과 〈인생명강〉이 함께합니다.
유튜브, 네이버, 팟빵, 팟캐스트에서 '유니브스타'를 검색해보세요!

ISBN 978-89-509-9723-6 / 03320